名师名校名校长

凝聚名师共识
圆成名师关怀
打造名师品牌
培育名师群体

　　　　　　张民选题写

核心素养视角下的
高中英语教学实践研究

张亚军 著

辽宁大学出版社
Liaoning University Press

图书在版编目（CIP）数据

核心素养视角下的高中英语教学实践研究/张亚军
著. 一沈阳：辽宁大学出版社，2022.11
（名师名校名校长书系）
ISBN 978-7-5698-1009-7

Ⅰ.①核… Ⅱ.①张… Ⅲ.①英语课－教学研究－高
中 Ⅳ.①G633.412

中国版本图书馆 CIP 数据核字（2022）第 220457 号

核心素养视角下的高中英语教学实践研究
HEXIN SUYANG SHIJIAO XIA DE GAOZHONG YINGYU JIAOXUE SHIJIAN YANJIU

出 版 者：辽宁大学出版社有限责任公司
　　　　　（地址：沈阳市皇姑区崇山中路 66 号　　邮政编码：110036）
印 刷 者：沈阳海世达印务有限公司
发 行 者：辽宁大学出版社有限责任公司
幅面尺寸：170mm×240mm
印　　张：14
字　　数：270 千字
出版时间：2022 年 11 月第 1 版
印刷时间：2022 年 11 月第 1 次印刷
责任编辑：李珊珊
封面设计：高梦琦
责任校对：李天泽

书　　号：ISBN 978-7-5698-1009-7
定　　价：58.00 元

联系电话：024-86864613
邮购热线：024-86830665
网　　址：http://press.lnu.edu.cn
电子邮件：lnupress@vip.163.com

目录

第六章
语篇视角下的阅读教学基本策略

第七章
学习活动观视角下的写作教学实践研究

第一章
英语教师核心素养的培养路径

《普通高中英语课程标准（2017年版2020年修订）》从育人角度出发，提出培养和发展学生的学科核心素养，丰富英语课程内涵，使英语课程从单一的语言技能训练提升到培养"全面发展的人"的高度。其中文化意识被确定为英语学科核心素养的一项关键素养。文化意识体现了英语学科核心素养的育人价值导向，将立德树人这一根本任务落到实处。

文化是人存在的根与魂。文化意识有助于学生成长为有家国情怀、社会责任感和文化修养的人。文化不代表博学，它突出强调个人修养、内在精神、行为担当、真善美统一。

普通高中英语的学科本质是育人成才，根本任务是立德树人，即培养有中国情怀、国际视野和跨文化沟通能力的社会主义建设者和接班人。作为一名中学生，在全球化背景下的跨文化认知、态度和行为取向取决于个人文化意识的内涵。

语言是文化的载体，语言本身是文化的重要组成部分，语言与文化密不可分。作为教授语言的英语教师，是语言与学生之间的重要纽带，由此可见，教师个人文化素养至关重要。教师需要有意识地学习优秀传统文化，通过不同场合、不同形式培养学生的文化意识，弘扬优秀文化，鼓励学生用英语讲好中国故事。

想要成为有文化内涵的教师，必须有清晰的成长路径。只有遵循科学的路径，逐步提升丰富个人素养，才能成长为一位精神丰富、学识渊博、对学生影响深远的教师。

教育愿景

——做一位有教育愿景的教师

近年来，在不断的学习和研究实践中，我的研究领域及研究特长也逐步明确，即学科教学研究、课堂教学改革研究、高考命题研究、教师专业成长研究。

我对自己的要求可以概括为八个字：静心教学，成就师生。作为一名英语教师，我要求自己静心教书、静心学习，成就身边的学生；作为工作室负责人，我要求自己带动工作室成员及同事们一起成长，成就周围的教师。

我最喜欢的称呼是"先生"，平时喜欢阅读中国传统文化书籍，喜欢阅读民国大先生们的故事。民国先生们的思想、学识、情操、气节、志趣等深深地感染了我。我想："做不了大先生，那就从做好一个小先生开始。"

一、做一位泊心于爱的先生

在日常教育教学工作中，我尽全力关爱班级的每一个孩子，利用一切碎片化的时间为学生解读中国传统文化，培养学生正确的人生观和价值观。节假日期间，我建立微信群，精心布置"每日口语话题"，帮助学生练习口语，耐心解答学生在群里提出的问题。

我爱护学生，让学生在获得知识的同时可以感受到教师的爱，希望学生在以后的生活中将这份爱传承下去，成为一个可以给别人温暖的人。

二、做一位风格独特的先生

我坚持"English is life"的教学原则，不断探索有效的教学方式。通过多年实践，总结出了高中英语"Learn English by using it；love it by appreciating it"的教学思想及方法。这一教学思想曾在全国"中国好课堂大赛"活动中进行交流并获得了"中国好课堂大赛"一等奖。

我坚持阅读，不断提高自己的专业素养及文化修养，学习先进的教学理念和教学实践，不断打磨自己的课堂教学，形成了自己的课堂教学风格——温暖和谐、积极愉悦。

三、做一位酷爱研究的先生

我善于研究、反思和总结。独自编写了校本教材《高中英语话题词汇》；主持、参与完成了两个国家级课题、三个省级规划课题；在国家级、省市级刊物上发表多篇文章。为了促进所在区域英语教师的专业成长，我组织工作室教师编写校本教材，共编写校本教材《靓亮作文》《英语悦读》等5册；总结出了基于"语块教学法"的写作课教学模式；完成了《高中生英语写作常见错误分析及纠正汇集》，通过该项研究，清楚地了解了学生写作中的高频错误，从而可以在教学中有针对性地指导学生学习写作。

2014年、2015年连续两年参与陕西省高考英语命题工作；结合工作实践，不断研究总结，发表了高考命题研究及策略论文数篇；承担省内外教师高考专题培训20余次。我不断探索教师专业成长的有效途径，主持完成了一个教师专业成长类国家级课题，多次承担省内外教师专业成长培训报告等。

近几年，我打算在已有的研究领域内继续深入研究，并在以下三个方面开展研究：有效课堂教学研究、教师自我发展的历程——教师的成长观察研究、学生自我发展的历程——高中生的成长观察研究。目前正在开展的项目为"教师培训新模式行动研究——教育教学叙事研究"。"教育教学叙事研究"即教师阅读优秀教育教学叙事案例、书写记录自己或周围教师的教育教学案例及教育教学故事，并通过这种方式来总结提炼自己的教育教学智慧。项目实施的主要途径是"阅读与写作"。"阅读与写作"即教师一边阅读，一边写作。教师在项目组的研究框架下有针对性地阅读，结合教育教学实际情况进行教育教学叙事写作，写作中会遇到困惑和疑问，项目组会针对教师情况开展答疑培训，培训分为个性培训和共性培训两种方式。青年教师通过目标培训、自我阅读、课堂实践、教学反思、班级管理实践与反思等形式不断总结提炼教育教学智慧，书写教育教学案例及故事。

四、做一位立己达人的先生

我将不断引领同事们的专业成长。担任工作室负责人以来，我积极为教师们搭建成长的平台。在这个平台上，我们认真研修，形成了许多成果。教师培训和示范课是我和工作室成员常态化的工作内容。近年来，我先后承担省市级培训50多场次，讲示范课60多节，受训教师累计达6000余人，被陕西师大、渭南师院聘请为国培、省培授课专家。

学校非常重视工作室建设，为工作室提供了专门的活动场所，并配备了所需办公物品。工作室现有成员40余位，定期召开主题研修会议，参加省市区送教送研活动，发挥名师工作室的示范、引领、辐射作用。省教育厅给工作室提供专项经费，用于工作室开展研修活动及业务培训学习，学校也提供各项后勤保障支持，充分保障工作室各项工作有序开展。

我热爱教育工作，我给自己确定的教育愿景为："用教育理论引领教学改革，做优雅的教育人；用民族文化涵养精神世界，做宁静的教育人；用感恩和分享滋养职业生涯，做温暖的教育人。"在未来的教育生涯中，我一定会不断努力，不断靠近自己的教育愿景！

成长规划

——在读书实践中前行

很早就听说上海是全国教育的领跑者，但是百闻不如一见。为期一周的上海之行，专家们精彩且富有内涵的报告，让我的思想和教育观念等发生了改变，整个人都变得鲜活起来，仿佛体会到了刚入职时那样的心潮澎湃。只想说："上海、上海的教师们，谢谢你们！"

静下心来，我思考了很多。曾经有一段时间，我认为自己已经获得了一些荣誉，只要上好课，好好享受生活就可以了，不要把自己搞得太累。但是当面对机遇和挑战时，一边心有不甘，一边又不想承受压力，从而使自己处于纠结和困惑中，职业幸福感也就谈不上了。

通过这次来上海参观学校、听报告、与专家互动交流，我感觉自己一下子豁然开朗了！我知道了教育的真正含义，明白了什么才是一个教育人应该追求和践行的。

第一，作为教师应该是一位具有爱心的人，他需要有一颗仁爱之心，正如大教育家夸美纽斯所说的："教师就要像阳光一样，照耀在每一个孩子的身上。"所以，在以后的工作中，我将尽自己的全力，用心关注每一个孩子，尤其是学困生和那些在生活和心理上都需要教师帮助和关爱的孩子。我要让我的学生在获得知识的同时，可以感受到教师爱的温暖，并让他们在以后的生活中将这份爱传承下去。

第二，作为一名教师，应该具有一定的教育理论素养，要熟悉教育教学方面的相关哲学思想及教育学和心理学。此外，还应该了解其他方面的知识，做一个杂家，做一个知识渊博的教师。只有具备了深厚的理论素养，教师才可以科学地施教，才可以使自己的教育教学更加有效，更加深入学生之心。

第三，作为一名教师，除了具有先进的教育理论素养外，还应具有精湛的学科素养。教师要给学生一碗水，自己首先要有一河水，而且是长流之水，是活水。要想达到这一点，绝非易事，教师必须树立终身学习的观念，要从专业知识、课堂教学等方面进行深入的研究和学习。

第四，作为一名教师，还应该具有与时俱进、不断创新的特质。如今是一个网络信息化高度发达的时代，我们大部分教师对于网络的认识还是不够的，没有充分利用好网络的多元功能，更可怕的是还有一部分教师对网络是抵触的。试想，这样的教师能够适应学生的需求吗？作为一名教师，我们对于新事物应该是持开放态度的，应该主动学习并加以利用，使网络成为教师教育教学的好帮手。

第五，作为一名教师，除了具备以上素养外，还应该是一个具有教育情怀的人，是一个有民族情怀的人，要心系天下，心系教育，具有强烈使命感和责任心。如果以前有人对我讲它的重要性，我会觉得有点夸大，但是，现在，我信了，是大同中学，大同人的故事感染了我，说服了我！

通过这次上海的学习，反思自己的教育教学实际情况，我给自己做了一个两年的成长计划。首先我给自己一个发展的定位，我的目标是做一个优雅的教育人。结合自己现在的发展状况和自己的发展定位，我的发展规划可以简单概括为"221"成长路径。

第一个"2"主要是做两本笔记，内容包含以下两个方面：

一方面，在两年内阅读三位著名教育家即苏霍姆林斯基、杜威、陶行知的相关书籍，并认真做好笔记。阅读这些书籍，使自己具备一个教育人应有的教育思想和教育素养。

另一方面，通过网络、书籍及外出培训了解中外一些名校的办学理念、办学方法及学生培养理念等，并做好笔记。通过这两本笔记的梳理及学习，了解中外教育理论及教育实践，达到从宏观和微观上对教育有一些准确的把握。

第二个"2"主要是做好两本笔记，内容包含以下两个方面：

一方面，按专题整理出自己英语学科方面的知识点及相关策略。形成学科专题体系，最重要的是关注学生的学习效果。

另一方面，将自己的学科与教育教学理论糅合起来，形成一本关于学科延伸的笔记。

"1"指的是要不断努力让自己做一个有爱心的教师，要像阳光一样照耀在每一个孩子的身上。

以上是我对自己所做的规划，实现它一定会有很大的困难，但我将不断激励自己，在为期两年的时间里实现我的梦想！

教学反思

——做一位善于反思的教师

人间最美四月季，美好的季节总会伴随美好的遇见！在陕西省第十一批特级教师培养对象研修班学习中，有幸聆听了省厅领导及两位专家的报告，对我来说意义深远。

首先，几位领导和两位来自一线的专家说话语重心长、质朴自然、语气温和，让人感觉温暖舒服，亲切自然。但同时我也深感责任与压力之大！特级首先是师德高尚的教师；特级就是一个有特点的教师；特级就是有教学思想和教学风格的教师；我们要打造陕派名师；我们要成为教师队伍里金字塔级别的引领者！听到这些特级对应的责任和担当，我禁不住反思自己，我可以做到吗？我已经做到几点了呢？

还记得以前读过李镇西老师的《我的教育心路》一书，书中李老师谈到自己一直坚持写日记，同时写到苏霍姆林斯基30年坚持写教育手记。当时我打算开始写日记和教育教学反思，但是都因为各种主观的冠冕堂皇的理由搁浅了。

这次特级研修班学习结束后，我终于坐在电脑前，在键盘上开始了我的教育教学日记旅程。我想，这次必须坚持下去，要在反思中不断提升自己，成为一位名副其实的特级教师。

两年来，因为参加了两届高考命题工作、学科带头人的外出培训，加上专家的指导和点拨、个人的点滴感悟，我仿佛觉得自己已经是一个有着教育情怀的教育名师了，觉得自己成长了许多。还记得在学科带头人答辩时，我给各位评委陈述了我的职业发展愿景，评委们听完后纷纷点头认可。这个发展愿景带给我很长一段时间的喜悦与幸福，我庆幸自己成长路上的幸运，同时这种喜悦情绪也带给了我一段美好的教育体验。

阅读李镇西老师的《我的教育心路》第五辑——"做最好的教师"时，李老师谈到他不是教育家，他一直都在努力做最好的教师。他一直都在一线，一直都在讲台，一直都在和学生零距离交流。他就是一名教师，他的生活在讲台，他的生命是学生。这些朴素的话语让我顿时豁然开朗，做教师就要做最好的教师，教师因学生而存在！

但是，在这个经济发展非常迅速的社会阶段，有些人过度追求物质富有，往往被名利蒙蔽双眼，忽略了最简单、最朴素本真的东西，煞费苦心地追求一些概念上的、虚无缥缈的东西，最可怕的是自己却浑然不知，大肆宣扬自己的观点。很难想象，倘若学生碰到这样的教师，会对其学习生涯乃至未来的人生造成何种影响。

再次感谢省教育厅，让我在教育生涯中遇见名师，收获感悟，再次成长。从今天起，我将不断学习，不断反思，不断总结，成为一位有自己学科理论体系和教学思想的教师；给青年教师搭建好平台，帮助他们尽快成长，培养出一批优秀的青年教师；精心备好每一节课，上好每一节课，做最好的教师！

教学风格

——做一位风格独特的教师

教育就是爱学生，不断激发学生心中对美好事物的向往，帮助学生健康快乐地成长。教育必须遵循教育教学规律和学生身心发展规律，贴近学生的思想、学习、生活实际，关注学生的成长需求，促进每个学生主动地、生机盎然地发展。

英语学科核心素养包括以下四个方面：语言能力、文化意识、思维品质、学习能力。由此可以看出，英语不仅是一门工具性学科，它还发挥着积极的育人作用。文化意识是英语学科的核心素养之一。文化是人存在的根和魂，文化意识能帮助学生成长为有文化修养和社会责任感的人。

作为一名英语教师，为了充分发挥英语学科的育人功能，使自己所教的学生发展成为精神高贵、学识渊博、心智成熟、善于学习、乐于分享的人，一直以来，我坚持阅读和写作，不断提高自己的语言能力、学习能力、思维逻辑水平及文化修养，学习先进的教育理念和教学实践，不断打磨个人课堂教学的方方面面，每节课后都认真书写教学反思，反思每节课的优点和不足之处，同时主动邀请学生和同行评价自己的语言特点、思维特点、教学特点、性格特点等，结合师生评价和个人反思，逐步确定形成了自己的教学风格——温暖和谐、积极愉悦。

确定了自己的教学风格后，我不再盲从、模仿他人的教学风格。以前没有确定个人教学风格时，我今天模仿这位名师的风格，过段时间又模仿另一位名师的风格，时而婉约，时而豪放，根本不清楚自己究竟适合哪一种教学风格。

　　我认真践行个人教学风格。在每一节课上，我都要求自己全身心投入课堂教学，面带微笑，通过温暖的话语和行为，感染影响更多的学生，营造一个温暖和谐的课堂氛围。

　　所谓师者，传道授业解惑也。因此，在课堂上，我在给学生讲解知识，引领他们关注中西方文化差异，树立文化自信的同时，注重培养学生健康的审美情趣和积极的道德情感，帮助他们树立正确的价值观、人生观和世界观。

　　在温暖和谐的课堂氛围中，我和我的学生们积极愉悦地讨论、辩论、交流、学习。师生共同进步，共同成长。

　　教师的教学风格会对学生的学习和生活产生非常大的影响。我的学生是这样描述的："张老师是一位知识储备极其丰富的教师，无论是多么复杂的问题，她总是能用简单的方法为我们呈现问题的来龙去脉。她的课堂永远是积极、开放、阳光、快乐的，在张老师的课堂上，我从不胆怯，我敢于提出自己的问题。张老师的课堂是有趣的，她经常组织我们开展小组活动，让我们担任'小老师'讲课，这促使我们学会展示和表达自己的思路及想法。张老师除了教授给我们知识以外，还经常与我们分享她的生活，让我们懂得欣赏生活中美好的瞬间。在她的影响下，我们懂得了感恩、积极、上进和分享。"

教师气质

——做一位优雅从容的教师

秋高气爽，云淡风轻，踏着浅秋轻盈的脚步，我们与可爱的学生相聚在美丽的校园。校园是优美的、单纯的。在这里，有一群温暖的教育人，他们的一言一行都在影响着身边的学生。优雅从容的教师如一股清泉，不断滋养和润泽着身边的学生。他们儒雅的气质和从容的行为如一粒种子，在学生的心里生根，发芽，长大。

但是，教师的日常工作是忙碌的、繁杂的。每日起早贪黑备课，作业、班级管理、家庭孩子，这些琐碎的日常事务伴随着教师每天的生活。因此，很多教师会产生职业倦怠感。想要在忙碌的日常工作中保持优雅和从容，体味快乐和充实，我们可以试着去琢磨体会下面这些与优雅从容有关的词语。

一、管理

教师首先必须是一位善于管理自我的人。个人管理涉及很多方面：管理好自己的工作和生活；管理好自己的身体和心理；管理好自己和他人的关系等。但在所有的管理中，管理好自己的情绪和意志力是最核心的。只有管理好自己的情绪，才能保持一种平和的心态。心态平和了，与学生交流时的语气和眼神就平和了，就不会将生活中的一些不良情绪随意发泄在学生身上。心态平和了，和学生的交流相处就平等了，一旦交流平等了，教师就能深入学生的内心，师生关系就和谐了。

教师之间在个人成长方面出现很大的差异，归根到底在于个人意志力的差异。一个人如果能将一件事坚持做一万个小时，他将成为这个领域的专家。在管理个人意志力时，首先要改变自己的思维方式。建议读一读《生命的重建》等积极思维方式类的书，阅读这些书，让自己的思维方式和生活态度更加积极，从而更好地管理个人的意志力。

在管理个人情绪和意志力的同时，也要学会管理自己的时间，学会做时间的主人。建议在每个周日晚列出下一周的任务清单，周中每天也要制定出当日任务清单。定时核对任务完成情况，根据完成情况不断提醒和督促自己，达到减少外界干扰和提高工作效率的目的。

在这个自媒体发达的时代，各种娱乐方式唾手可得，人们在娱乐和获取碎片化信息的同时，内心的宁静也被打扰了，因此做好时间管理非常必要。

二、阅读

教师的职业特点决定了教师必须做终身学习者。当今，网络等各种信息渠道高度发达，学生获取知识的途径非常广泛。如果教师读书少，知识储备不够，就很难应对学生提出的问题。不能有效回答学生问题的教师，在学生心中的地位自然不高，对学生的教育将会苍白无力。

教师的职业特点要求教师必须是一个心智成熟的人。读不同的书籍可以影响和塑造教师的逻辑推理能力、人际沟通能力、审美感知能力等。教师在阅读过程中，与书中的人物对话、与作者对话、与自己对话，在无数次的对话过程中，个人心智水平不断趋于成熟。

教师应该建立自己的读书体系。首先要读教育理论类书籍。只有将理论研究透彻了，才可以在具体的教育教学工作中科学有效地实施教育。对近代中国教育影响较大的国内外教育大家有美国的杜威、苏联的苏霍姆林斯基、中国的陶行知。因此，教师首先要读好这三位大家的书，了解中国教育发展的历程和主要思想等。其次，教师要读一些文史哲学类的书，如《中国简史》等，了解整个中国历史的构架。教育的根本任务是立德树人，因此，教师必须学习中华民族的优秀传统文化，了解儒释道，因为儒释道三家共同培育中华民族精神，铸就了中国人的民族性格。

当然，文学作品、影视作品都可以读和看，只要这些作品可以养个人的浩然之气就可以。阅读的目的是让人变得单纯、敏感、明快、有力、向上，可以影响更多的人。

教师只有好读书，会读书，才能濡养出书卷气质，这种书卷气质将会熏陶感染身边的每一位师生，使他们如沐春风，享受独特的校园精神风景。爱读书的教师是儒雅的，举手投足间传递出一种慧达明理的状态，与这样的教师交流学习，真是人生一大幸事！读书对于教师来说是最好的保养。

三、写作

教师面对的是一个个灵动鲜活的生命个体，教育无时不有、无处不在，每日潜移默化的教育如同涓涓细流，不时会荡漾出朵朵浪花。作为教育者，我们要及时记录教育过程中的独特瞬间，书写教育故事是在和自己对话，亦是在和学生对话。

这种深层次的心灵对话必将会加深我们对教育的思考和体会，同时也会让我们更加智慧和通透，对学生和自己都是一次很好的心灵摆渡。随着书写教育故事的深入，教师会变得更加敏锐，能够观察到学生的一些细节表现，甚至可以捕捉到学生情绪的细微变化，从而和学生的沟通也会更加通畅。

写作是一件非常有意义的事情。如果能够坚持每日写作，对于教师的成长是非常有益的。但是，日常工作的忙碌往往会成为教师放弃写作的借口。朱永新老师在他的新教育实验项目中倡导教师坚持写作，并承诺只要教师坚持三年写作，三年后如果成不了名师，新教育项目组会赔付100万元。由此可见坚持写作对于一个教师专业成长的作用。

教师日常工作忙碌，可以在手机上下载一些写作App，这些软件非常好用，教育过程中如果发现可写的瞬间就可以使用语音输入，手机软件会自动转为文字，先将草稿保存下来，随后有时间了再仔细修改完善。也可以使用一些软件上的码字应用，这些软件会自动统计码字记录并及时反馈你的码字成绩，给你的写作形成及时反馈，督促你坚持写作。在及时反馈和每日写作打卡的统计中，你的写作水平会逐步提升，内心的成就感会油然而生，对于坚持写作很有帮助。

四、反思

想要过一种优雅从容的教育生活，教师必须过好专业知识关，如果只读书，不注重反思，当一辈子教师也只是个教书匠。每学期都在辛苦地做题、备课，但是成绩平平。

与其年年做重复的工作，不如围绕学科课标和专题知识，以考试真题为载体，认真梳理出经典试题，把这些试题精心归类，做好研究和反思，整理出一系列学科专题类的经典试题和学科专题研究资料库，如专题PPT、专题微视频等各种资料集。随后每年只需在原有专题资料的基础上，增加当年的经典新题，这样不仅每年的工作量会减少许多，而且个人对于学科的研究会更加精准。

做好整理积累，反复研究，形成个人教学见解和反思，可以极大减轻教师工作量，减轻学生学习负担，提高课堂教学的有效性。反之，每年只是埋头苦干，缺乏整理和归纳反思，只能是年年苦，年年累，何谈优雅从容的教育生活。

五、运动

教师长期伏案工作，如果不加强锻炼，长此以往，颈椎腰椎都会出现不适，严重时会影响生活质量，甚至带来严重的关联疾病。人们常说教师要乐于奉献，但面容憔悴，身体佝偻并不代表奉献就比他人多一些。

教师一定要热爱运动，坚持运动，在享受精彩幸福的课堂之外，体验运动带来的生命活力和张力。肯定会有一些教师说自己没有时间运动。建议大家根据个人情况进行丰富多彩的运动。在办公室放一条毛巾或者弹力绳，工作间隙做做拉伸运动。也可以组建一个运动小组，每天互相督促定时去跑步或走路。

新时代的教师应该具有健康自信、内涵博雅、文质彬彬的儒雅之风。教师要充满活力，心向阳光，用积极的人生态度和正能量感染和影响学生，使学生发自内心地说出："长大后我就成了你!"

六、热爱

有趣之人一定是热爱生活、亲近自然的。有趣的教师同样如此。教师想要在课堂上呈现出多元丰富的自我形象，就必须热爱生活，走近自然，细心体味身边草木之变化，将自己沉浸在美的世界里，让精神独自往来。

见到早春第一株嫩芽，他会怦然心动；闻到蜡梅清冷幽香，他会驻足静品；看到天蓝草绿，他会心旷神怡；偶遇一片金黄的银杏叶，他会俯身轻捡，写几句暖心的话，郑重地夹进学生的作业本中。

教师单纯的气质有时会引来他人的不解，甚至嘲笑。他们认为教师说话的腔调，讲话的内容，做事的方式过于单纯，甚至和社会的一些规则格格不入。当有人这样评价你时，千万不要生气，而应该感到高兴！这说明你具有教师气质，你将教师职责履行得非常好。也不要因为自己收入较少感到焦虑，因为你收获了许多尊严，你的学生是尊重你的；你将收获幸福的未来，你的学生是属于未来的。

如果一个社会的教师和俗人一样为利而来而往，那么这个社会肯定不会有很好的发展，这样的教师培养出来的学生肯定也是凡夫俗子。只有当一个国家的教师群体更纯粹、更干净、更高尚、更超乎俗人一些时，才能引导这个社会向好的方向发展。

作为教师，我们既要有伫立云端的诗意和情怀，又要有脚踏大地的决心和实干意识。新的学期，让我们每一位教师都在自己的工作和生活中，静享读书写作、善于研究反思、懂得管理自我、热爱自然运动，在自己的精神世界里辟一方净地，存放或酝酿家国事、天下事和教育事，且恒久坚守。我想，不久之后，校园里就会出现许多"小小追随者"。待到春花烂漫时，走在校园里，优雅从容的教师，彬彬有礼的学生，每个人都会陶醉其中。

第二章
提升学生文化意识的英语教学
基本方式

《普通高中英语课程标准（2017年版2020年修订）》中提出高中生应通过英语学科学习，逐步提升学科素养，其中语言能力是学科素养中的一项关键能力。语言能力指在社会情境中，以听、说、读、看、写等方式理解和表达的能力，以及在学习和使用语言的过程中形成的语言意识和语感。英语语言能力的提高蕴含文化意识、思维品质及学习能力的提升，有助于学生拓展国际视野和思维方式，开展跨文化交流。

作为一名英语教师，要培养学生的语言能力，教师首先要具备很强的语言能力。教师通过大学的专业学习，已具备了相应的语言能力。但在实际的教学过程中，除了自身的语言能力素养外，教师还应加强阅读，建立个人的阅读体系，有计划地开展阅读，提升个人专业素养及文学素养，提高个人语言能力，成为一位学识渊博的教师。

阅读属于知识输入环节，想要让所阅读的信息内化于心，教师还必须加强写作，通过写作提升个人思维品质。教师写作包括读书心得、专业论文、教育叙事、教学反思等。教育叙事是最贴合教师实际的写作形式，它不是简单地讲述一个教育故事，而是在叙事的基础上提炼个人观点、抒发教育情怀。

教师通过阅读和写作两个主要途径，不断提升对世界及周围事物的认识，逐步成为一个心智成熟的人。这样的教师才具备了培养学生核心素养的能力与资格。

阅读与写作

　　阅读和写作对于教师来说，是必须长期坚持做的两件事情。可是从现状看，能坚持做到的教师很少。在此，我想以故事的形式展开，将我个人的阅读和写作经历与大家分享。

　　我1998年开始工作，一直到2013年都担任班主任。在这期间，自己虽然明白阅读的重要性，但就是一直没有好好读过书，经常读的书就是教科书和教学参考书。虽然自己不好好读书，但却要求学生必须读书。记得2013年带班的时候，当时我要求学生每天都要写班级日志，让全班孩子在班级日志里给班级管理提意见，记录成长经历等。每天的值日班长要在班级日志里记录自己当天读书的情况，而且班主任也要在日志里记录自己的工作、思想及读书情况。那时，我当着全班同学的面说自己要坚持天天读书，写读书笔记。结果后来因为各种原因耽误了，所以每次日志中班主任读书那一栏都是空白。有一次和学生聊天，一个学生对我说："老师你也要好好读书啊！"听完后我觉得特别羞愧。

　　此后，参加过好多次的培训和活动，越来越感受到自己的浅薄，越来越意识到阅读的重要性。从那时起，我开始读一些书，但当时读的书主要是以兴趣为主，读一些比较喜欢的和好读的书。后来发现自己在很多方面是有缺陷的，教育教学知识比较杂乱，没有体系。

　　还有一件事情让我印象特别深刻。那是一次工作室负责人期末汇报工作，当时有一位工作室负责人说自己一年读了几十本书，还列举了当年所读书的清单。当场有一个评委打断了这位教师问："我也读过其中一本书，你能不能谈谈这本书里边主人公的性格特征？"结果这位教师当时就懵了，他支支吾吾了半天说："不好意思，这本书我还没有来得及读，只是刚刚列入我今年要读的书单。"这个场景对我触动很大。

大家都知道读书的重要性，也喜欢他人夸自己是读书人。但是，一个人是否经常阅读，通过他的一言一行便可以感受到，正所谓"腹有诗书气自华"。从此以后，我不断告诫自己，做一个真正阅读的教师，不要做南郭先生！

近几年来，我虽然阅读了许多书，但感觉自己在专业理论水平方面还有待提高。于是就开始阅读专业方面的一些理论书籍，读了很多专业书籍后，专业水平得到了较大的提升。我有一个很奇怪的感觉，就是阅读带给我很多机缘和惊喜！

有一次，一个影响很大的专业平台召开一个全国性的研讨会议，我有幸受邀参加研讨会。当时参加这个会议只是觉得可以向同行学习，再顺便出去看看。没想到研讨会上要求大家都要发言，我就根据自己对学科教学的一些理解谈了自己的观点和做法，我的发言得到了参会教师的一致好评，还结识了几个同行精英。会后，会务组要我银行账号，说要付给我出席此次会议的专家费。当然，我不会要的，我在此想要表达的是，读书带给我尊严，读书让我收获了他人的认可和敬意。

还有一次，某高中名校召开高考试题研讨会，因为我曾经参与过两年的省自主命题，因此被邀请参加。这所学校邀请到了曾经参与全国命题的大学教授，这位教授是我非常敬佩但却从未近距离接触过的大咖。研讨会之后，我主动和这位教授谈到了我对高考命题的一些问题和想法，两个人的交流非常愉快。

我觉得能和教授畅通地交流主要归功于我近几年的阅读和反思，否则是不能深入交流的。随后她还推荐我读一本命制试题的书。回家后，我就上网买，结果发现网上根本没有，只有二手书，而且是原价格的好多倍。但还是买了，反复阅读了这本书，这本书在试题研究方面给了我很大的指导和启发。也因为这本书收获的灵感和启发，我承担了好几次高规格的试题研讨会议主讲工作。

很多教师都会说自己没有时间阅读和写作，就如同以前的我。我觉得主要原因在于你内心还是没有充分认识到它的重要性。我们认为重要的事情一定会找到时间去做的。我自己就有切身体会。

2021年4月3日，这个日子我记得特别清楚，那天我在微信公众号——"中国教育报好老师"里面听到了年度十大阅读人物的公益读书课。第一个分享的是朱永新老师。他分享的题目是《在阅读与写作中幸福成长》。在分享中，朱老师提到了人生有三种风景：第一种是自然风景，第二种是社会风景，第三种是精神风景。自然风景是非常美好的，我们每个人都可以去欣赏，但自然风景是需要一定的时间和金钱的。如果没有充裕的时间，没有经济上的实力，能享受到的自然风景就是有限的；社会风景指的是我们与他人建立起来的社会关系，良好的社会关系能带给人美好的体验。但是要建立良好的社会关系，并不是每个人都具备这种能力的，而且需要花费一定的心思和精力；人是复杂的，要纯粹从社会关系中得到真正的幸福感是比较困难的。相比之下，精神风景的成本是最低的。在阅读中，人的内心是最平静的，最幸福的。在阅读中，我们可以与大师交流，可以领略到脚走不到的地方的美景。因此，我们要读万卷书，也可以理解为在书中行万里路。

听到朱永新老师的阅读分享，我内心非常激动。我想如果能够坚持阅读和写作，就可以实现自己以前的很多梦想，所以4月3日那天被我命名为"遇见"。从那天起，我为自己列了一本书的框架，书的名字叫《遇见》。这个书的章节可以分为两个大的部分：专业部分和生活部分。专业部分主要讲述教育教学、教学所思、教学设计、课堂改革等。生活部分主要是我所遇见的人，其中包括一些生命中重要的人，所遇见的风景，所遇见的生活中的一些美好的瞬间。在这个框架下，我先选择一些我能写的、喜欢写的、值得写的东西着手去写。

播放着好听的音乐，我开始书写我遇见的风景：鼓浪屿，西子湖畔，青城山，甘南等。写作时文思泉涌，语言自然流动，从未体验到写作会带给我这样一种独特和美妙的感觉。

随后我又开始了别的部分的写作，在写教育教学反思的时候，我把以前记忆中很多我与学生、课堂之间发生的故事进行了真实的描述。在写作过程中，有的时候我发现自己的语言比较啰唆，就开始注意调整。但我并不要求做到完美，而是如实地去记录。我觉得只有先打开思维，写作才会越来越自然流畅。

当写到课堂教学的时候，我发现自己在理论方面还有一些欠缺，于是选择了相对应的一些书籍开始阅读。这次读书的速度特别快。我觉得这主要是任务驱动的原因，因为现在需要这些理论完成写作，所以读这个书是有目的性的，读起来就特别投入。就这样读写，写读，互相交错，互相融合，在写作的过程中，我体验到了前所未有的快乐与充实。

在开始写作的那些天里，我觉得特别兴奋，每天去学校都是心怀期待，为什么呢？因为学校里除了我的学生、我的课堂在等待着我之外，还有一件自己特别喜欢的事情要去做。那就是打开电脑或者手机去写作，然后带有目的地去阅读，每天都有这样一种期待，每天晚上睡觉前看到自己写了那么多的文字，充实感油然而生。

但人一定是有惰性的，大概坚持到半个多月的时候，那几天学校家里事情都比较多，到晚上的时候就感觉很累了，特别想休息，结果写作就被耽误了。第一天没有写，第二天没有写，这样第三天写的时候，之前写作的兴奋和期待感消减了很多。这个时候我就在思考，已经坚持了一段时间，如果现在停止，就是前功尽弃。

我打开了自己打算写《遇见》时的日记，再次聆听了朱永新老师的讲座。在日记中，我重温了自己定下的目标，在朱老师还有其他几位教师的分享中，我再次找到了力量。我想我必须坚持下去，这样才能实现真正的蜕变，才能享受到真正的精神风景。

于是我再一次开启了阅读和写作。每天坚持写，而且学会了管理自己的时间。每天先做最重要的事，做完之后再按重要性依次完成其他事情。不管多忙，只要有时间，我就把自己的所想所得，赶紧记录下来，晚上再整理。就这样一天一天，电脑上、手机上都记录下了我阅读和写作的痕迹，每次不想写的时候，看看这些成果，我都会再次充满力量和信心。

另外和大家分享一个我和我儿子的小故事。为了能逼着自己坚持阅读和写作，另一方面想给儿子一些鼓舞和启示，我和儿子达成了一个约定：我每天坚持阅读并写作1000字，他每天检查我是否完成任务。我每天给他发两元钱作为对他检查的奖励，同时要求他也要每天完成语文和英语的积累，如果他每天按时完成这两门课的积累，我再给他发两元钱。也就是说如果我们两个人每天都完成了自己的任务，他就可以挣到四元钱，一个月下来就可以挣一百二十元钱，这笔钱归他自由支配。

儿子对这个约定非常满意，我对他的要求比较宽松。他只要天天积累，哪怕是一行字两行字，天天坚持就可以。我的想法是先慢慢地哄着他来，等他坚持下来成为一种习惯，我就不用费力气要求他了，他会越来越自律的。也许我的方法不是很科学，但我觉得通过这样一种物质的小刺激，对孩子未来是有帮助的。

阅读和写作是一对孪生姐妹，如果一个人只阅读不写作，那就等于说只输入而不输出。我们应该在阅读中学习，在写作中进行深层次的思考。不断地阅读，将阅读所得与教育教学实践结合起来，不断地思考、质疑，然后写作，在写作中又发现某个困惑的地方，再去寻找对应的书籍阅读，这样阅读和写作形成了一个很好的平衡状态。

坚持一段时间，你会发现自己形成了良好的精神视角，看到周围的人和事，看到自己的学生，你都会有一种不同的体验，你会发现别人发现不了的美，你能够运用合适得体的语言描述所见所闻。

这就是阅读和写作带给我的体验：你能够享受一个人的孤独，你能够享受一种内心的平静和喜悦，这不是别的东西所能赋予的，这也正是阅读和写作的妙处。

坚持阅读和写作，坚持用心去爱护我们的学生，坚持用心呵护好自己的职业，我想不久的将来，我们一定会成为出色的教师，一定会遇见更好的自己！

倾听与言说

——遇见《教师的挑战》

午睡起来，口干舌燥。此时最大的心愿便是有一杯茶可以润泽口唇和心情。喝茶需要洁净的环境，因此便匆匆收拾了屋子，拖了地板，擦洗了茶台，洗好茶具。最近一直喜欢喝老白茶，主要原因是它不凉不火，喝起来胃舒服，浑身都舒坦。茶香依旧是熟悉的味道，抬头看窗外，深红色的藤本月季花枝倚着窗子，悠悠地开着。窗外花园的中央，一株形似牡丹神韵的树桩月季花苞硕大，紫色带粉，正孤傲地摇曳在微风中。飘窗上摆着一个小茶席，茶席角落处一个小和尚双目微闭，双手自然下垂，掌心朝上，呈接纳状，好似在听风吹，闻花香。看来他是个热爱生活的和尚。

喝茶总会让人心静，心静了就有了读书的意境。捧起前几日读的日本佐藤学著的《教师的挑战》开始阅读，今天阅读很快就融入了作者的主题和思考，感觉书中的每句话都是自然亲切的，容易理解。由此可见，读书的状态非常重要！

一边读书一边喝茶，自斟自饮。刚开始的茶有些烫，嘴巴嘘嘘地吹着，慢慢地喝着。读到仔细处，忘记喝茶，被书中教师们的敬业精神感动着。眼睛有些困了，再去喝茶，茶水微凉，但此时的茶汤更甜了，有满口生津的回甘。不觉感叹老白茶的妙处！再去阅读，走进佐藤学先生书中描述的日本课堂和国外课堂，通过他的视角感受改革的课堂。

今天一共读了两章，第四章——从课堂教学到学校改革，第五章——创造合作性学习课堂——国外案例。两个章节谈到了日本的课堂教学改革与国外的课堂教学改革。虽然有所差异，但有一个共同的特点——教师努力建立以倾听和对话为基础的学习共同体。教师的责任不是进行"好的教学"，而是要实现所有儿童的学习权利，尽可能提高儿童学习的质量。

佐藤学先生极力倡导教师要成为倾听者。他说："在儿童中培育相互倾听的关系的第一个要件就是教师自身悉心倾听每一个儿童的心声。要培育相互倾听的关系，除了教师自身成为倾听者之外，别无他法。"

书中提到所有教师都在努力地做出改变。因为他们深知学校的改革需要大量的时间和心血，决不能心浮气躁。正如佐藤学先生所期待的那样，教室中所见的多数教师的表情和行动都令人刮目相看。但他们确实是几年前的那些教师。书中有句话是这样说的："教的活动在于倾听，学的活动在于言说。"虽然孩子们每一次的展示都是磕磕巴巴、轻声细气的，但却很有意思。最令人感动的是教师尊重每个人的学习，安静倾听儿童们的表达。

佐藤学先生在书中写道："这次造访让我感动不已，屡次几近落泪。这里就是学校的未来，是民主主义的希望。"看到这里，我的眼睛也湿润了，模糊的双眼中我仿佛看到了自己课堂的变化，课堂上孩子们愉悦地分享、倾听、交流。

潜移默化

昨晚在学校宿舍值班，早上醒来，听到值班室窗外滴答滴答的雨声，心里一阵欢喜。最近天气炎热，极为干旱，这场雨可真是一场好雨！想到地里的庄稼，还有我家窗前花园里的那些花草，它们此时此刻一定是在快活地、恣意地、幸福地、感恩地沐浴着这久违的雨露，享受这场夏雨的润泽。

匆匆洗漱完毕，走出值班室，雨下得很大。看来没有雨伞是要被淋成落汤鸡了。看了看周围经过的学生，没有认识的，便主动求助——"哪位同学，麻烦摆渡一下我，谢谢了！"这时，一位个子高挑的女生走过来，将她的雨伞分享给我，就这样，她为我撑起了一方晴空，我们一起朝教学楼走去。

路上积水很多，她时不时地提醒我小心脚下，并将雨伞不断地向我这边移动。看看她的衣服，靠伞外侧那边已经被雨水淋湿了。我将伞朝她那边推了推，她又推了过来。虽然她戴着口罩，但她清脆的声音，善解人意的举动，都让我心里倍感温暖。快到教学楼跟前时，我开玩笑地感谢她："谢谢你将我摆渡到彼岸！"她轻声笑着说："老师您不要客气！"

走到教学楼下，正准备和她说再见，却见她站在原地，问了才知道她是要等她的小伙伴，真是一位善良友好的女孩。

走进教学楼，看到高三文科班的李欣怡已经在教室里认真看书，心想这个孩子真是目标明确，干劲十足。想要过去和她打个招呼，又怕影响她专注的思考，便悄悄经过。隔壁理科班的教室里，几位理科男正在低头认真看书。一位男孩少年白发，但是脸上的神情坚定、投入，禁不住感叹精神对于一个人的重要。一个有抱负的人，一个有理想追求的人，是多么地让人佩服、羡慕！此刻，突然想到一句话——此时这个教室里坐着的是一位有灵魂的人。他们是早行者，他们在与时间赛跑，他们在享受勤奋带来的踏实，他们在享受清晨独自宁静的世界。

昨晚睡前读了一篇文章——《不同的选择，不同的生活》，文中说你每天的选择都决定了你当天的生活质量。你可以选择睡懒觉，也可以选择早起；你可以选择抱怨，也可以选择积极；你可以选择不修边幅，也可选择干净优雅；你可以选择积极认真，也可以选择马马虎虎；你可以选择友好善良，也可以选择冷漠自私。

的确，人生有很多选择，不同的选择，就会有不同的心态、不同的结果、不同的未来。正如今天清晨我所看到的这些学生，他们选择了善良友好、积极自律、勤奋好学、专注安静，他们将迎来他人的感激和认可，赢得自我的肯定和满足，收获充实美好的一天。也正是这一天天的努力和积极向上，让他们的生命之花灿烂盛开，清新芬芳，硕果累累。

校园里因为有学生才精彩，教师因为学生才有了存在的价值。师生之间互相影响，互相滋养，在一种温暖、感恩、积极、和谐的校园氛围中，彼此都会受到潜移默化的影响。

以美引善

——在学生心田里播下美的种子

在手机笔记上翻阅以前写过的一段文字，无意中看到一首席慕蓉的诗——《山百合》，禁不住轻声读起来。

山百合

与人无争，静静地开放

一朵芬芳的山百合

静静地开放在我的心里

没有人知道它的存在

它的洁白

只有我的流浪者

在孤独的路途上

时时微笑地想起它来

诗歌结尾处显示的笔记时间是2019年9月3日，记忆不觉间回到了前年秋季开学初的那节课。当时带的是高一新生，学生和我对彼此来说都是陌生面孔，他们还在想念家人和以前初中的教师，因此上课时与教师的互动不是很好，表现出一种排斥和疏远的状态。那天的课是下午第一节，这节课学生因为午休刚起来，还未彻底清醒过来，上课时偶尔会打瞌睡。

课前，坐在办公桌旁，思考如何安排一个特别的开端，引领学生进入愉悦的课堂学习，眼睛无意中停留在办公桌上往届学生送来的教师节礼物——一束百合花上。百合花香气馥郁，让人心生美好。看着洁白高雅的百合花，突然想到了席慕蓉的《山百合》，非常喜欢这首小诗，觉得它意境优美，温暖有韵。于是我心想，为何不带着这束花和这首诗走进课堂！

照了照镜子，涂了点略带颜色的唇膏，带上那束百合花，愉快地朝教室走去。看到花和我，学生充满好奇。我为他们朗诵了这首诗，分享了我对该诗的理解和喜欢，同时表达了我对送花学生的谢意。那一刻，我能感受到班里学生眼神的专注和神情的美好，整个教室里充满了诗意的浪漫。

那节课本来是要讲英语句子的基本结构，看到学生陶醉在诗歌的世界里，我随机调整了教学内容，让学生和我一起翻译这首诗歌，借此学习汉英翻译并引导学生用英文写诗。在翻译过程中，我们一起讨论芬芳应选哪个单词，我的流浪者该如何翻译。有的学生非常调皮，提出可以将芬芳翻译为汉语拼音fenfang；有的学生说可以翻译为beautiful。我告诉他们有一个词非常合适，英文fragrant，汉语意思是"芬芳的、美好的"，并且和他们交流了自己喜欢这个单词的原因，因为每次读到这个单词时，都能感觉到一种芬芳的气息，用fragrant描述山百合能贴切地显现出山百合的纯净之美。

我们在讨论、思考与欢笑声中完成了这首诗的翻译，在这过程中，大家体会了诗歌之美、文字之美、语言之美、友情之美，学生们也初次体验了翻译创作的快乐。随后，我让他们闭上眼睛，回忆自己以前见到过的印象深刻的植物或花朵，然后用英文写一首小诗描述它。

我搜索出记忆中那些描写植物与花儿的句子，用温暖平和的语调浅浅地为他们朗读。在我的引导下，学生们轻轻地闭上了眼睛，教室里一片寂静，我也闭上了眼睛，任思绪流淌在那些曾经遇见过的树木花草之间，那种感觉如此美妙，我似乎闻到了草木的清香……随后，同学们开始了自己的英文诗歌创作，虽然写出的诗歌有些青涩，用词不是很准确，但能感受到一种别样的清新和独特。

那节课，学生的眼睛很明亮，我能感受到他们徜徉在诗歌世界里的惊奇与喜悦，也看到了他们在内心深处珍藏的随时都会萌芽的美的种子。多年以后，他们也许会回忆起那节课的点滴。他们可能记不起《山百合》中具体的诗句，但一定会想起课堂中某一个愉快的瞬间。

再次闭上眼睛，眼前浮现出一幕幕校园小美：校园里，一处绿树掩映的亭子下，一位身着素色旗袍的教师正在给学生轻声解答问题；樱花开了，学生捡了落在地上的樱花花瓣，送给教师作书签，教师小心翼翼地将花瓣放在书页中；秋日里，银杏叶黄了，老师捡了许多好看的落叶，并在每一片叶子上都认真写下一句温暖的话语，走进教室，轻轻地放在学生的书桌上，学生抬起头来，看着老师，嫣然一笑；雨过天晴，空气清新，鸟鸣悠悠，老师带着学生们来到校园中一片花树下，在那里为他们上了一节写作课；八月时节，桂花开了，老师从家里带来一个好看的花瓶，挑选了一枝好看的桂花，插好花摆放在教室的一角，教室里，偶尔有桂花香飘过。

校园生活是平淡的、琐碎的，但同时又是清新的、快乐的。只要我们有一颗爱人之心，爱一切美好事物之心，就能时常触摸和感受到那些校园生活之小美。身为教师，我们必须发挥美育中"以美引善""以形悦目""以情感人"的作用，使学生的心灵在美潜移默化的影响下得到"净化"和"升华"。

在学生心田里播下美的种子，让它萌芽生长，成为大树，是一件有意义的事！

第三章
提升学生思维品质的英语教学模块实践

语言是思维的工具，但不同的语言有不同的语言结构系统。英语和汉语在语言结构上具有非常大的差异。不同语言的不同结构体系带来了思维方式的不同，因此也就形成了不同的思维方式。学习和掌握不同的语言可以弥补单一语言带来的思维局限，提升多角度思考事物、认识世界的能力。

《普通高中英语课程标准》将思维品质界定为英语学科核心素养之一，思维品质是指学生的思维在逻辑性、批判性、创新性等方面所表现的能力和水平。

在英语课堂教学中，有相当一部分教师在进行着传统的接受式教学，也就是满堂灌式教学。同时，我们也发现有许多教师还在以词汇、语言知识点的讲授为主。即使在教学中有基于思维培养的活动设计，也是停留在低阶思维阶段，未能给学生进行系统性的思维训练和培养。结果导致学生英语思维存在很大的局限性，汉语式英语思维及汉语式英语表达的现象比比皆是。

由此可见，培养学生的思维品质非常紧迫，时代的发展召唤思维型人才。作为英语教师，应该通过日常的英语教学培养学生的思维品质，实现思维型课堂，让思维在课堂中开始发生。

在阅读语篇中培养学生的思维品质

在阅读语篇教学中，我们经常会发现有许多教师还停留在语篇知识点梳理、讲解、检测的层面。一篇结构清晰、文化价值很强的文章常常被教师当成一组词汇、句型、长难句集锦处理了。当然，我们并不是反对教师处理语篇中的知识点，而是建议我们英语教师应该有所侧重地将阅读语篇教授给学生，在语篇中培养学生的思维品质。

在阅读语篇教授中，作为教师，我们应该通过问题链、不同思维层次的英语活动激发学生的思考，让学生在问题的引导下，在不同的活动中由易到难、由浅入深地感知、思考、探索、体验语篇中的主要事件，主要人物的情感变化以及作者想要传递的文化意识等。通过语篇的学习和影响，学生开始关注语篇中主要事件的排序方式、表示作者情感变化的词汇的选择和使用、文章题目及标题的呼应、文章中插图与文字的联系、文章中事实与观点的区别。在这些语篇细节的影响下，学生对语篇的认识由肤浅变得深入，学会概括语篇结构的特点和功能，有利于提升学生思维的逻辑性、批判性和创新性。

下面以高中英语人教版必修一第四单元"Earthquake"阅读课为例，为大家呈现如何在阅读语篇中培养学生的思维品质。

第一步，我用一组关于地震场景的图片导入话题，并让学生尝试通过所给出的词汇来描述这些地震场景。第二步，让学生通过文章的标题、图片推测文章主旨。第三步，让学生寻找每一段的topic sentence，并让学生小组讨论，总结发现这些主旨句所具有的特点，然后用一个词来总结概括每一个段落。第四步，让学生依据文章中的一些关键细节找出文章的时间线、故事线和情感线，完成导学案中的思维导图。接下来让学生运用观察感受的知识，在教师提供的一些小故事语篇中自己独立寻找故事中的主旨句、时间线和故事线。这一步的目的是让学生运用、巩固和内化所学知识。第五步，我引导学生再次阅读语篇中描写地震前兆的段落，让学生独自完成语篇结构的思维导图，并引导学生发现文章的描写主要分为topic sentence， supporting details， conclusion 三个部分。在这里，我详细说明了各个部分句式的特点及常见的内容，比如supporting details 可以通过事实和数据来表达。第六步，布置作业，让学生完成一篇记叙文写作，要求各个段落必须包括段落主旨句和论据支撑细节句。在这里我给出了前两段的主旨句让学生进行模仿。

听完这节课后，我组织工作室成员进行了小组讨论，小组代表给出了自己的观点和建议。大家一致认为本节课主线明晰，设计独特，通过两条线索引导学生了解了文章的大意及发展顺序；但课堂的一些任务设置应该稍微降低难度，要符合学生学情，以生为本；导入方式先后顺序可以进行一定的调整，注重简单直接。

本次活动给工作室成员解读阅读理解课带来了前所未有的冲击与震撼。大家明白了在以后的阅读课设计中，一定要基于单元主题，以问题链为主线，逐层推进，引导学生思维逐步走向深入，进而在阅读理解中培养学生的思维品质。

在完形填空语篇中培养学生的思维品质

高中英语课堂不应只是语言知识和文本内容的讲授。教师在教授知识的同时，要注重培养学生的思维品质。在培养学生思维品质时，应该以语篇为载体，深入挖掘语篇所承载的观点、态度、情感和意图，帮助学生形成观察、比较、分析、推断、归纳、建构、辨识、评价、创新等思维方式，增强学生思维的逻辑性、批判性和创造性，提高学生的思维品质。基于此，我和工作室成员提出了"思维型语篇教学"的教学主张。

自提出该教学主张以来，我带领工作室成员梳理了大量有关思维品质的理论材料，组织工作室成员认真学习理论知识，并定期进行线上、线下读书分享活动。为了给工作室成员及区域内同行提供"思维型语篇教学"的教学实例，我执教了一节题为"在完形填空试题中培养学生的思维品质"的示范课。工作室成员及瑞泉中学发展共同体的学校教师参加了本次活动。

本节课模拟常态课堂，没有学生参与，由参会教师扮演学生。课堂中一群特殊的"学生"，从限时训练到核对答案，从小组合作到个人展示，从个人反思到精讲点拨，每个环节既有作为学生的收获，又有作为教师的感慨。

本节课中，我借助语篇情境，根据文章结构、人物关系、故事线索、情感线索精心设计了阅读活动。在分析人物性格与文章主题意义活动中，我设计了思维导图，让学生在填写思维导图中，感受人物情感的变化，分析作者的写作意图，以培养学生的批判性思维。

在分析文章主题意义的同时，我引领学生赏析文章语言，体会人物情感，挖掘文章主题意义。通过引领学生发现和赏析文章中大量的动词、形容词，学生可以感受文章中主人公的丰富情感。教师引领学生赏析文章语言，不仅能引领学生的思维由表层走向深入，还能让学生接受情感教育，实现文章的育人功能。

在作业布置环节，我精心设置了基于文章主题意义的"读后续写"。该作业旨在让学生在分析文章中已有人物关系、情感的基础上开展符合文章发展逻辑的读后续写，实现从课堂输入到课后输出，培养学生的创造性思维。

下课后，我进行了课后反思：高考真题是优质的教学资源，一线教师对真题的使用不能只停留在讲题层面，而应该以"思维"为重要目标，充分利用高考真题，深入挖掘题目所承载的语篇意义和文化意义，充分发挥好高考真题对课堂教学的反拨作用。

本节课让听课教师眼前一亮、颇受启发、受益匪浅，他们表示将在自己的课堂上进行实践。

部分教师的听课反思：

张萍老师——

张亚军老师的这节课在培养学生综合运用所学语言知识的能力和提升学生思维品质方面做出了很好的诠释。本节课课堂教学层次清晰，提升了学生把握行文逻辑和分析篇章结构的能力。在有限的时间内，学生能明确文章的意图，推断文章主旨，然后根据上下文语境统筹把握文章的内在逻辑。

刘欢老师——

张亚军老师以高考真题完形填空为载体，通过对完形填空试题的处理来培养学生的思维品质。首先，学生通过独立思考，小组讨论，完成初步理解。其次，在教师的精讲点拨之下，学生完成对习题的整体处理。除此之外，张老师还精心设计了思维导图，引导学生寻找主人公及lost dog的动作及感受，从而帮助学生进一步理解文章。最后，张老师设计了紧密围绕文本主题、富有层次、符合学情，并且前后之间紧密相关的问题链，以此来提升学生的思维能力水平，培养学生的思维品质。

刘桂芳老师——

张老师的课堂以学生为主体，遵循英语学习活动观，注重对文本细节信息的解读及文章主题的挖掘。从本节课中我认识到，完形填空考查的不是想当然的主观臆断，而是基于文本信息的合理推测。

尹文杰老师——

张亚军老师的课例分享使我受益颇多。我从中感受到了她对于完形填空的深度理解和挖掘。完形填空的讲解不单单是对知识点的处理，还是对文本内容的理解和思考，对文本主题的拓展和探究，让学生从这个题型中获得思维品质的提高、核心素养的培养。后面我对完形填空的讲解也会注重学生思维品质、语篇理解能力、联系上下文能力的培养和提高，从而达到在习题课堂中提高道德教育，实现立德树人的目的。

张萌老师——

My biggest takeaway from today's English teaching workshop is as follows：

Whenever we come across a cloze test, go through the passage and get the main idea for the first time and don't jump into filling the blanks. And then do the test and choose the proper answers with the main idea of the passage always in our mind. By doing this we will never go too far away from the correct answers. Don't forget to check our answers in the end to make sure the whole passage is logical and coherent. Of course it takes a lot of efforts and time to practice doing the cloze test. We may get frustrated and upset in the process. Always remember practice makes perfect. We are definitely gonna overcome all the difficulties and achieve better grades.

在写作教学中培养学生的思维品质

　　为帮助英语教师深入研究写作中的语篇逻辑，通过写作教学提升学生的思维能力，尤其是关注写作中的行文逻辑，我给全区英语教师呈现了一节基于"思维型语篇教学"的高中英语写作备考课。

　　本节写作课的主题为How to refine a passage。在课堂开始时，我首先引导学生思考一篇好文章的评价标准，这个环节属于话题导入，激活学生已有的认知。然后，我带领学生仔细学习分析了高考作文五个档次的评价标准，组织学生分组讨论，发现评价标准的特点。学生经过小组讨论，交流以及我的引导，最后达成共识，认为一篇好的文章应该从书面、内容、结构和语言四个方面综合评判。

　　随后我给学生呈现了三篇高考写作范文，组织学生依据大家讨论得出的好文评价细则，分小组讨论所给的三篇文章的优点与不足之处。在评价时，重点关注文章中的写作连贯性和逻辑性：文章结构的连贯和逻辑，段落间、句子间过渡的连贯和逻辑，文章中语义的连贯和逻辑。

　　小组讨论结束后，我让每个小组选出代表，阐述他们组讨论的结果及理由。虽然每个组呈现出来的结果有一定的差异，但是他们都发现了样文中暴露出来的问题：貌合神离。即文章看似结构完整，使用了一定量的连接词和过渡词，但是段落间、句子间出现了一些为了追求所谓的连贯和逻辑所使用的连接词和过渡词，而实际意义上的连贯和逻辑是没有做到的。

　　课后，听课教师们通过集体研讨，大家深刻认识到行文逻辑在英语写作中的重要性，这也正是日常写作教学中最应该关注的。在此之前，很少有教师将行文逻辑作为重点进行讲授。此次课例研讨带给大家深刻的启示：教师必须关注高考命题新思路，注意行文逻辑，力争引导教会学生写出意合和形合完美结合的好文。

讲座与课例研讨后，教研室潘玲老师与杜桥中学卢英老师进行了点评。潘老师对工作室提出的"思维型语篇教学"主张给予了高度评价，建议大家认真体会此次写作研讨会的思想和实施途径，并结合自己所带班级的学生学情进行实践训练，提高学生的写作水平，培养学生的思维逻辑能力。

卢英老师分享了自己的反思：审题要动脑，明确写作对象；留心关键词，主抓方向，紧抓细节；注重思维培养和行文逻辑；培养国际视野，注重语言的规范性。

此次"写作备考课"主题研讨活动，为高中一线英语教师分享交流、学习提升搭建了平台，激发了大家研读课标、研究教材、研究文本的热情与动力。

相信在以后的写作课教学中，教师们都会开始关注学生写作思维逻辑的训练，在课堂教学中注重学生思维的培养，实现思维型课堂。

基于高中生思维品质培养的英语阅读
教学实践研究

一、国内外研究现状

经过修订的《普通高中英语课程标准（2017年版）》将课程目标由原来的综合语言运用能力转向了英语学科核心素养，它包括语言能力、文化意识、思维品质和学习能力四个方面。思维品质首次被明确列为英语学科核心素养的要素之一。《普通高中英语课程标准（2017年版）》对英语学科中思维品质的定义为思维的逻辑性、批判性、创造性等方面所表达出的能力和水平。思维品质体现了英语学科核心素养的心智发展，其发展有助于提升学生分析问题和解决问题的能力。

国外对以批判性思维为首的思维品质有着广泛的研究。"现代批判性思维传统"之父约翰·杜威认为批判性思维是个体对于任何信念或假设及其所依据的基础和进一步推导出的结论所进行的积极、持久和周密的思考。Robert Ennis是最早对批判性思维做出定义的学者，他认为批判性思维是个体以后天的客观经验为基础，为决定相信什么或做什么而进行的合理的、反省性的思维。近二十年，批判性思维教学在以美国为代表的西方国家受到高度重视。众多的大学纷纷设置批判性思维的课程来加强对学生批判性思维能力的培养，例如美国政府为美国大学确定的一个总目标是要优先发展大学生的批判性思维能力。20世纪90年代批判性思维能力的培养已经逐渐成为美国教育改革的核心。

林崇德教授是我国研究思维品质的先驱，他早在1997年就明确了思维品质与具体学科能力发展的紧密关系。他认为，学科能力包括学科特殊能力、概括能力和思维品质。其中思维品质是学科能力不可缺少的部分，"任何一种学科能力都要在学生的思维活动中获得发展，离开思维活动，无所谓学科能力可言"。此外，刘儒德教授在20世纪90年代中后期对批判性思维的内涵、意义和培养途径进行探讨，钟启全教授在2002年也对批判性思维进行了深入的研究。以文秋芳为引领者的科研团队开始对测量外语专业学生的批判性思维的工具及信度、效度进行研究。但是大部分是以高校专业英语课堂为研究载体。近几年，关于高中英语课堂思维品质的研究大范围开始。陈泽航教授对写作中的思辨能力表现做了研究。此外，还对英语学科核心素养中的思维品质以及发展途径进行了研究。其他一线教师也进行了思维品质的研究。如黄丽琴进行了英语词汇教学中学生思维品质的培养研究。冯信燕进行了高中英语写作中的思维品质的培养研究。也有部分一线教师做了一些阅读中对学生进行思维培养的尝试研究，如：沈翠翠发表的《指向思维品质培养的高中英语教学阅读教学设计》，虽然已经涉及在高中英语阅读中进行思维培养，但是关于高中英语阅读中思维品质的培养并没有系统化。本课题拟从学生以及教师课堂思维品质现状入手，探索系统广泛的解决方案，以及有效的测量学生思维品质的方法。

二、选题依据

（一）理论依据

1. 核心素养之思维品质

《普通高中英语课程标准（2017年版2020年修订）》（以下简称《课标》）指出，思维品质是指思维在逻辑性、批判性、创新性等方面所表现的能力和水平。《课标》将思维品质的目标设定为"能梳理、概括信息，建构新概念，分析、推断出信息的逻辑关系，正确评判各种思想观点，创造性地表达自己的观点，具备多元思维的意识和创新思维的能力"。思维品质是衡量一个人思维乃至智力水平高低的指标。

高中英语学科核心素养中提出：在英语学科教学中培养学生的思维品质就是通过引导学生观察语言与文化现象、分析和比较其中的异同，归纳语言及语篇所承载的观点、态度、情感和意图。同时，思维品质的提升有利于增强学生的英语语言能力、自主学习的效率以及跨文化意识。因此，核心素养的提出，对教师和课堂教学都提出了新的要求和挑战。但是思维品质的培养在英语学科教学中长期缺席，这让学生的思维能力受到了损失，会使学生认为英语学习只是确定性知识的获取和积累，教师在教学中更多地关注信息的提取，没有引导学生进行深层次的理解、分析和评价。由此可见，如何将核心素养落实到高中英语教学中，提升学生分析和解决问题的能力，乃至培养促进学生终身发展的思维品质是每位一线教师都应该思考的问题。

2. 核心素养之学生终身发展

《普通高中课程方案（2017年版2020年修订）》中提出：普通高中教育是"在义务教育基础上进一步提高国民素质、面向大众的基础教育"，其任务是促进学生全面而有个性地发展，为学生适应社会生活、高等教育和职业发展做好准备。也就是说高中英语不仅要关注学生的语言知识，而且要关注学生的基本素质，坚持立德树人。因此高中英语课堂应该使学生具备终身发展的基本技能，培养学生的学习兴趣、学习能力和探索精神，注重培养学生分析问题、解决问题的能力。根据《中国学生发展核心素养》，科学精神需要培养学生的理性思维和批判思维。哲学家黄克剑教授提出了教育的三个维度，即"授受知识、开启智慧、润泽生命"。在公民教育层面，思维品质的培养鼓励学生把所思用于所做，积极参与社会公共生活，并学习独立承担一定的社会责任。

（二）现实依据

阅读教学是高中英语教学的核心，而且英语语篇以其丰富的取材和话题在学生思维品质的培养上具有独特优势。在现有的高中英语教材编排中，阅读占了很大比例，尤其是新教材，在读后问题设置时关于"how""why"问题的比例明显增加，并且增加了"读思"板块，直接指向学生本人的思考，其目的是在阅读中对学生进行思维训练，即通过对文本内容的分析、推理、判断和评价开展对信息的认知、理解与加工等思维活动。因此，在阅读教学中培养学生的多种思维能力是阅读教学的重要任务，发展思维、启迪智慧是阅读教学的核心价值。葛炳芳教授也提出"阅读是一种重要的信息获取方式，是英语教学的一个重要环节，是培养学生思维品质的重要途径和阵地"。

研究表明，在目前高中英语阅读教学中，存在以下几种情况：

第一，部分教师依然停留在以传授语言知识、获取信息为目的的阅读教学上，缺乏对学生进行深层次思维训练。学生对英语阅读的学习依然停留在单词句型识记层面，长期处于"思维缺席"的学习活动中，导致阅读课对学生的能力提升有限。

第二，部分教师虽然开始以阅读文本为依托，以任务为载体，尝试进行阅读课堂形式的改革，使课堂开始从沉闷走向活跃，但是由于缺乏深刻的思辨活动，导致阅读课堂只有热热闹闹的过程，思维含量过低，无法做到将语言学习和思维发展结合起来。

第三，个别教师对思维品质有一定的认识，但是缺乏对学生现有思维能力的了解和科学的、有效的评估，也缺乏系统培养思维品质的方法和策略，学生在课堂上对教师设置的活动摸不着头脑，不知如何下手，不能达到培养学生思维品质的目的。

第四，学生思维能力令人担忧。通过课堂提问发现，大部分的高中学生在回答需要有思辨能力的问题时习惯性地在大脑中搜寻已有的记忆，而不是思考。另外，学生在评价他人的观点的时候，更倾向于"对"与"错"，或者一边倒地支持某个观点，却没有自己的论证。

三、研究价值与创新之处

本课题旨在研究如何通过深层次的英语阅读教学使学生获取有意义的人生体验，通过思维能力的提升使学生和社会、和他人建立起联系，更好地认识自己和世界，成为有思辨能力和创新能力的人，以及能承担新时代社会责任的人。本课题具有以下三个方面的价值和创新之处：

（一）研究视角

从学生成长和终身发展的视角出发，研究重点从学科本身转移到学生的发展。研究方向不局限于学生短期内知识量的储备，而是着眼于扩展能影响学生成长甚至是终身发展的思维能力的培养。

（二）研究方法

为达到研究目的，除了常规的研究方法之外，本课题将把课堂观察量表用于课堂观察，用量化的方式呈现抽象的思维问题，为课题研究解决抽象问题难以具体化的困难。

（三）研究对象

本课题以学生及学生的思维品质为研究对象，这给课题研究带来了很大的挑战，这也正是本课题最有价值的部分。

四、研究目标

第一，本课题以核心素养为方向，以英语阅读语篇为载体，以培养学生终身的核心能力思维品质为宗旨，以我省高中学生为研究对象，研究高中生思维现状并发现存在的问题。

第二，研究课堂教师在学生思维品质培养中的现状和问题。

第三，进行语篇主题语境划分、语篇类型划分，深挖语篇所承载的育人价值，提出思维培养的策略和方法，以之前提出的思维培养策略为指导，根据核心素养活动观的要求，以及"一核四翼"对学生长期学习能力和终身发展的要求，通过对语篇的研究挖掘，提出思维培养的策略和方法，最后进行课堂活动的设计。

五、研究内容

随着新高考评价体系的出台，高中英语教学实践也发生了巨大的变化。《普通高中英语课程标准（2017年版2020年修订）》中将思维品质列入英语核心素养。普通高中英语课程强调对学生语言能力、文化意识、思维品质和学习能力的综合培养，具有工具性和人文性统一的特点。

高中阶段是形象思维逐渐向抽象思维过渡、辩证逻辑思维日趋发展的重要时期。这一时期如果思维没有得到有效启发，思维能力的发展就会受到制约，从而影响创造性思维能力的发展，甚至影响学习的终身发展。《普通高中英语课程标准（2017年版2020年修订）》中也明确提出："高中英语课程应注重提高学生用英语获取信息、处理信息、分析问题和解决问题的能力，特别注重提高学生用英语进行思维和表达的能力。"因此，以高中英语阅读文本为载体对学生进行思维品质的培养进行研究至关重要，本文中我们研究的主要内容包括：

（一）以思维培养为目的的学生思维现状研究

普通高中学生自我培养思维品质的意识淡薄，大部分学生对其认识存在误区。在具体的教学中，学生学习思维存在惰性化和应试驱动化，普遍处于等待提问状态，习惯于不动脑，喜欢机械式找答案，拒绝思维层面的活动，回答问题也缺乏逻辑性，仅能就单一层面的问题作出回答，综合运用相互关系解决问题的思维能力匮乏。

（二）英语课堂教师对学生思维品质培养现状研究

教师对学生英语学科核心素养的培养，尤其是思维品质的培养情况并不乐观，具体表现在以下几个方面：

第一，少数教师还只重知识的教学，输入大量的词汇，强迫学生记背，缺乏对学生思维能力的培养。

第二，教师对英语学科核心素养的概念和内涵理解不全面、不准确。

第三，教师在思维品质培养方面存在侧重点失衡问题，大多数教师着重培养学生逻辑性思维能力，忽略了对创新性思维能力的培养，注重培养学生的批判性思维能力的少之又少。

第四，教师在课堂中培养思维品质的方法呈现多元化，分析、比较和归纳是最常用的三种方法，但推理评价方面尚有欠缺。

第五，教师能够通过课后阅读训练培养学生思维品质，但是如何进行课后阅读训练设计尚不系统明确。

以上两个研究主要通过课堂观察量表及问卷调查获得研究结论。

（三）以思维培养为目的的阅读教学策略研究

本文研究团体经过对10年来的高考阅读理解进行归类研究，形成了以思维导图为基础的语篇解读教学模式；除此以外，研究团体以新人教课标高中英语阅读教材为载体，研究不同主题语境下的教学模式，形成了不同语境下教学范式；整合不同形式的英语教学活动，形成了依托活动的阅读微课教学。

六、研究方法、思路、实施步骤

（一）研究方法

1. 文献法

对目前思维阅读教学领域的文献及研究成果进行全面了解，掌握语言思维原理以及应用于阅读教学的最新研究动向，为本研究提供理论支撑。

2. 课堂观察法

运用课堂观察量表，通过课堂观察记录学生在英语课堂上的思维特点，用量化的方式呈现，为课题进一步研究提供事实依据。在此基础上继续利用问卷调查法可以得到真实可靠的研究数据，最终通过教育统计法来进行数据对比分析得出研究结果。

3. 访谈法

通过设置问题和与不同思维类型、不同层次的学生沟通交流获取成长型思维培养的方向和目标。访谈法可以清楚地了解研究实验对象的意见、态度和评价，既有事实的调查，也有意见的征询、辅助资料的收集。

4. 经验总结法

通过总结前期课堂教学学生思维培养的经验和方法，形成有价值的、可效仿的教育教学论文或者反思等，并形成课堂教学思维培养的基本策略。

（二）研究思路

英语阅读教学实践研究思路流程图，如图3-1所示。

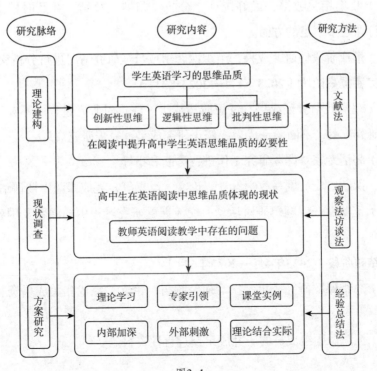

图3-1

（三）实施步骤

该课题主要分为以下四个阶段开展研究工作：

1. 准备阶段（2022年6月—2022年7月）

（1）成立课题组，按照课题研究内容，明确成员分工，全面部署课题研究工作。

（2）课题组制订实施研究方案，通过反复研讨，探索有效的研究途径。

（3）阅读相关文献资料，组织多种形式的学习活动，为后期研究工作铺垫好坚实的基础。

2. 学习研究阶段（2022年7月—2022年12月）

（1）根据课题组成员研究专长分工协作，开展研究。

（2）开展初期研究设计，设计调查量表，进行调查和分析，形成有一定价值的问卷调查报告，为课题研究提供可参考依据。

（3）开展课题实验研究课观摩活动，举办课题阶段性研究中的课堂教学优质课展示，教学设计和课题论文评比活动，在实践中不断总结、反思、研讨。

（4）收集相关数据，做好统计、分析、归纳、总结，并及时检查调控矫正，修订课题中不足的方面。

（5）形成阶段性研究成果，组织课题组成员就研究情况进行分析交流。

3. 完善提高阶段（2023年1月—2023年3月）

（1）在实践中验证成果，反思阶段成果。注重对研究过程的不断反思，适时调整研究方案，不断验证成果，修正研究成果，完善研究成果。

（2）聘请专家对课题研究工作进行诊断和指导。

（3）课题组成员撰写教学设计、论文、反思等，完成课题中期评估报告。

（4）定期召开课题组研讨活动，交流课题研究过程中的问题及困惑，完善课题研究。

4. 结题阶段（2023年4月—2023年6月）

（1）总结课题研究成果，撰写研究报告、论文，完成相关成果资料的收集汇总。

（2）汇总课题组成员的研究成果及过程性资料。

第 四 章
提升学生学习能力的英语教学
基本理念与方法

　　学习是人认识周围自然和社会，不断丰富自我的必由之路。学会学习对于一个人来说是一项核心能力。学会学习是指学会生存、学会创造、学会发展、学会与时俱进。

　　《普通高中英语课程标准（2017年版2020年修订）》中提出高中生应通过英语学科学习，逐步提升学科素养，其中学习能力是学科素养中的一项关键能力。英语学习能力是指学生在英语学习过程中逐渐形成的主动学习、积极调适和自我提升的意识、品质和潜能。学习能力是构成英语学科核心素养的发展条件。

　　根据《普通高中英语课程标准（2017年版2020年修订）》，英语学科教学需要培养学生的学习能力目标为：进一步树立正确的英语学习观，长期保持对英语学习的兴趣和热情，具有清晰明确的学习目标，能够借助多种途径获取英语学习资源，有效规划学习时间和学习任务，选择合适的学习策略与方法，监控、评价、反思和调整自己的学习内容和进程，逐步提升使用英语学习其他学科及事物的意识与能力。

　　因此，高中英语教师在实际的英语教学过程中，要改变传统的一言堂接受式教学方式，积极组织学生通过小组合作、个人展示等方式开展交流、分享、学习，培养学生在自主、合作、探究学习等方面的能力。

　　课堂教学是提高学生学习能力的非常重要的途径，同时，教师也要通过公开演讲、个人日常行为等形式影响和感染学生，让他们在潜移默化中逐步提升个人的学习能力，并认同终身学习的要求。

英语和人生

Hello，大家好！Nice to meet you！很高兴在这样一个花香四溢的清晨与大家交流一个有趣的话题——English and life，英语和人生。

谈到英语大家都不陌生，我们每天都在学习这门课程。但是，我想问问大家，学习英语的目的是什么？大家会觉得这个问题很简单。因为考试要考，所以要学啊。如果有同学这样认为，我想你就很out了。英语是一门语言，是与他人沟通的一种工具。我们在生活中要使用它，例如：我们要能读懂英文说明书、招聘信息等，能与老外交流。

但是，我们大多数同学的现状是，见了老外根本不会说，人家说话也听不懂。我们从小学开始学习英语，到现在差不多已经有十年的学习经历了，可是英语交流能力还是比较差的。究其原因，大部分同学学习英语时把主要精力都放在刷题上了。也就是说目标不明确，方法不对头。这就好比人生，你若没有目标，方法不正确，最终结果将是一事无成。

有同学可能会说，考试又不考口语，只要会答题就可以了。但是，进入大学后，发达城市的学生进入大学不会有什么障碍，但是我们西北地区的学生进入大学，因为英语交流能力的欠缺，导致自信心严重受挫，直接影响到其他方面的学习与进步，例如：分班时因为英语成绩低未能分进好班；一些活动选拔时因英语水平不达标而被淘汰；雅思或托福测试口语不达标而导致错过自己心仪的学校等。

因此，学习英语不只是会刷题。英语是一门语言，语言是人与人交流的媒介与载体。国家考试改革政策已经出台，北京、上海等城市高考英语已经增加了口语部分，即人机对话，口语成绩计入总分。陕西高考增加口语也只是时间的问题。当然，同学们在改革前已经毕业了，但是我们所有的英语教师必须要关注这一重要的变化。

那么，我们怎样才能提高自己的英语水平，发挥好英语的交际功能呢？因为时间有限，我和大家简要说一下最重要的几点：

一、学习英语很简单

英语是一门不需要高智商的学科。它是所有语言中最简单的。我们能学会汉语，英语就可想而知了。这一点至关重要，大家必须在思想上认识明确。每当学英语遇到困难时，告诉自己：English is so easy!

二、"ICO三步学习法"

ICO，分别是Input输入、Collocation词串、Output输出。Input，即大量地输入，耳朵输入与眼睛输入相结合，也就是听与读相结合。Collocation就是词串（词群），它不是你们理解的not only...but also...，而是能够拿来即用的词群，比如get out of bed下床，I want tea我想喝茶。而Output，就是输出，即讨论、与同伴对话、写作等。学习英语就像人的身体循环系统一样，你先得有大量的输入，只有输入达到一定量后，才能进行输出。

三、学习英语典型问题答疑

（一）老师，你能给我们推荐一些比较好的App吗？

可可英语。我下载过许多App，但是功能免费，还能调整朗读速度的，就觉得这个最好用。学校禁止使用手机，大家可以利用周末学习这个App里的内容。也可以把语音翻录到MP3里，再把故事双语原文打印出来带到学校里进行学习。可可英语App，我推荐书虫读物，你可以点击分类—英语听力—书虫读物，按照级别进行选择听和阅读。

（二）听不懂文章内容怎么办？

听完100小时长度的听力，听力才能基本过关。是否戴耳机、是否看字幕都不是重点，只要你持续听懂越来越多内容就行了。另外，不坚持听、不朗读、不跟他人对话，口语不可能流利。

英语很简单，但是要学好英语，能流利地与老外对话，绝非简单之事。首先，你要确定目标，并制订详细的计划。在实现目标的路上，你还需要执着与坚持。听说读写，这四项基本技能不是单靠一时的热情就可以掌握的。你需要每天挤出时间去练习听力，背诵词串；练习口语时，你需要放下面子，大胆地说出来；当别人笑你时，你需要厚脸皮，坚持说下去！

从今天开始，请同学们改变对英语的认识，制订好目标和计划，用自己的热情和执着，在学习英语的路上一路向前。老师坚信：当你收获成功的那一天，你收获的将不只是英语，你还会收获自信、快乐的人生！

我的演讲到此结束，谢谢大家！

学会学习 终身受用

清明节放假，到学校锻炼身体，在学校门口偶遇一位以前带过的学生，因为他当时的英语不是很好，所以我们接触的次数比较多，相互之间很熟悉。今天，时隔多年再次见面，一点陌生感也没有。

他说还没有到过学校的新校区，我便带他到学校四处走走，两人一边走，一边聊天。我问他工作忙不，他说经常出差，但是这样可以拿到不错的补贴工资，所以很乐意出差，还是当年那个乐观派的孩子。

聊到他当年考大学的经历，他说自己是到高三第二学期才开始发奋学习的。我说你如果高一就开始努力，那现在的生活可能就全然不同了。他笑着说没有如果，活在当下就好了。

谈到他在大学里的专业，他说："我在大学里学习的是化学，现在它是它，我是我，两者已经没有太大的关系了。现在想来，大学那几年主要是培养了学习能力和学习习惯，这些素养才是大学留给自己的宝贵财富。这些能力将伴随一生的工作和生活。"

听到他说的这一番话，我由衷地为他高兴，便又聊到了他的家庭。谈到这个话题，他脸上乐开了花，开始给我讲他的媳妇及儿子。他说从2018年起，他的好运就相继而来了。找到了女朋友，是那种温和而且特别明事理的女孩，和她在一起心里很快乐。他当时的想法就是要结婚，赶紧结婚，心想错过了估计这辈子就难以遇到了。一定不能错过她！他们在一起三年了，从来没有吵过架，彼此很和谐、很默契。

同年，他买房子摇号一次成功，而且户型楼层都特别满意。现在从事的这份工作，自己非常满意，虽然工作中也有压力，同事间偶尔也会钩心斗角，但是感觉很充实，很有成就感。

他说自己现在是一名商人，当前的目标就是先要积累足够的财富。他觉得不管干什么事情，最重要的是要干自己擅长的事情，这一点至关重要。以前学的专业是化学，他爸的想法是让他考研，然后进高校或者其他类学校。父亲的想法主要是想让他过一种相对轻松体面的生活。他说以前不理解，现在有了自己的孩子，完全可以理解父亲当年的那些想法了。

不觉间来到校园里的一棵大皂荚树下。雨过天晴的皂荚树，柔润清新的树叶在微风中轻轻摇曳，我问他好看吗，他点了点头，问我这棵树是不是老校区以前那棵，说他们当年经常在那棵树下捡很多皂荚，拿到教室里玩，还被班主任训过很多次。我笑着说："你们班主任是农村长大的，小时候整天玩，所以就不稀罕了。但对你们来说，就觉得很好玩了。"

走到树旁，看到地上落了一些老皂荚，我捡起几只跟他说："拿回家让你儿子玩一下，孩子一定会很稀罕的。"他笑着说："回家洗了让他啃，哈哈！"还是当年那个调皮鬼。

送他离开校园，看着他灿烂的笑容，我的心里暖暖的。遇见一个自己喜爱的姑娘并与之结为夫妻，干一份自己喜欢并擅长的工作，虽然这份工作与当年自己所学的专业毫不相干，但是大学里培养的学习能力和学习习惯已经内化于心，受益匪浅。

一个人，不管遭遇什么样的挫折，只要他有梦想、乐观、开朗、积极、感恩，最后都会找到属于自己的天地，并乐在其中，深感幸运。反之，如果悲观、抱怨、嫉妒、憎恨，那他的生活质量可想而知。

做善于思考课堂教学有效性的英语教师

——如何上好一节课

如何上好一节课？这是一个很难一下子讲清楚的话题。所以，我就以两个课堂评价标准为例，和大家共同探讨如何上好一节课，希望能给大家带来一些启发。

大家先看看手头的课堂评价标准，我们一起来分析一下。这虽然是两个标准，但是它们却有异曲同工之处：都是围绕教学目标、教材（教学资源）、教学过程（教学环节）、教学效果来评价一节课的。因此，我们应该可以得出一个结论：一节好课，就是教师能够根据课标要求和学生实际，确定教学目标；宏观立体化并创造性地使用教材；能够有效导课，课堂上能使用精练而富有感染力的语言，教师肢体语言运用到位，具有亲和力，教学手段多样性，适合不同的学生，课堂检测针对性强；课堂节奏感强，每位学生都有不同程度的收获，学习目标达成度高，学生不仅获得了基本知识，同时也培养了相应的思维和学科品质，也就是说，教学效果良好。这样的课，才算是一节好课。

也许有人会说，这样的课也太难实现了吧。我想说，只要我们明确了一节好课的标准和核心要素，我们就有了努力的方向。朝着这个方向，我们不断反思、完善、打磨自己的每一节课，我们的课将会越来越好，学生的满意度和教学效果自然也就提高了。

关于如何上好一节课，我想给大家提几点建议，不妥之处，还望大家包涵。

一、课前一定要认真备课

备课指的是备教材（本节课在单元的位置，教学重难点）、备学生、备教法、备学法、备教学过程。只有我们教师在课前明确了这些任务，我们在上课时才能做到心中有数，这也是上好一节课的根本。

二、营造宽松、民主的课堂氛围

在课堂上要尊重学生，爱护学生。教师要面带微笑，从眼神上给予学生鼓励和肯定，要努力营造一种宽松、民主的课堂氛围，让学生感觉到有话想说，有话敢说，而不是教师一言堂，说教化的授课形式。

三、善于发现每位学生的亮点，并以此为契机，发展学生

在我们的班级里，学生有很大的差异，但是他们却都有各自的闪光点，教师要善于发现学生的闪光点，并以此为契机，肯定学生，鼓励学生，从而发展学生的其他方面。

四、充满激情，感染学生

教师充满激情，知识渊博，好学上进，这些都会潜移默化地影响和感染学生，形成师生之间情感的交融。这样，这位教师的课学生会非常喜欢的，正所谓："亲其师，信其道也。"

总之，只要我们做一位有心人，认真学习课堂评价标准和高考评价体系，并依据其中的细则，结合自己所带班级的实际，不断改进，我们的课就一定会越上越有水平，自己的课堂成就感也会越来越强的。

做善于学习研究的英语教师

——浅谈高考英语语法填空题答题技巧

　　语法填空题是2014年全国英语新课标卷新增题型，该题型是继广东省、湖南省之后高考出现的一种新题型。《普通高等学校招生全国统一考试大纲》中要求该题型从语法的句子结构与语法形式、词汇的本义和转义以及前后缀的变化、语境语篇的线索以及标志词等方面测试学生的整体语篇应用能力，强调在语篇中测试学生的英语语言知识和技能。

　　该题型的出现体现了当今我国高考英语改革的趋势，即突出语篇，强调在语篇中测试学生的英语语言知识和技能。笔者搜集整理了2007年到2017年全国及各省份高考英语试题中的语法填空题，经过认真比对和研究，发现该题型具有一定的特点及相应的答题技巧，现总结如下：

一、题型特点

（一）该题所选文章的特点

　　所选短文长度约200词，平均设空密度约为15词一空，文章难度适中，符合高中生的阅读水平。所用短文均为英美原汁原味文章改编而成；短文题材体现文化内涵，传递正能量。

（二）该题所考查的考点和考查内容

　　语法填空题所设十个空可分为两大类型。

1. 无提示词空

　　无提示词空也称为纯空格题。该类题主要考查介词、连词（并列连词或者从属连词）、冠词（定冠词和不定冠词）、代词（人称代词、连接代词）。

2. 提示词填空

提示词填空即用括号内的正确形式填空。该类题主要考查名词单复数、形容词和副词的比较级和最高级、代词的各种变形、谓语动词的时态语态、非谓语动词等。

二、答题技巧

根据语法填空的命题形式和命题特点，答题时学生需要熟知以下答题技巧：

（一）浏览全文，了解文章大意

浏览全文，了解文章大意，为填空做好准备。在填空的过程中，有些设空和文章主旨有关，学生只有熟悉了文章主旨，才能进行有效的逻辑推理，填好该空。

（二）抓住规律，正确填空

在浏览完全文，了解了文章大意之后，就可以开始填空了。有提示词的，根据所给提示词特点进行填空。无提示词的，根据该空命题特点仔细分析。下面笔者以往年高考真题为例，具体说明填空的一些技巧。

1. 提示词类

（1）提示词是动词。当提示词是动词时，学生应先判断填写谓语动词还是非谓语动词。然后根据以下内容填词：①若是谓语动词，就要考虑其时态和语态；②若是非谓语动词，则要根据该词在句中充当的成分填写适当的形式，即现在分词、过去分词或者是动词不定式其中之一。

典例1：（2016年全国Ⅱ卷）Leaving the less important things until tomorrow 63（be）often acceptable.

解析：分析全文时态和句子结构可知，此处应为一般现在时，主语为动名词，所以本空应填is。

典例2：（2014年辽宁卷）Be patient! Tai Chi 66（call）"shadow boxing" in English.

解析：根据句意可知此处为被动语态。又因为叙述的是有关常识的问题，所以用一般现在时，所以本空填is called。

典例3：（2012年广东卷）Mary will never forget the first time she saw him. He suddenly appeared in class one day, 16（wear）sun glasses.

解析：本句中已经有谓语动词appeared，分析句子结构，可以看出此处需要现在分词作伴随状语，所以填wear的现在分词形式wearing。

（2）提示词是形容词或者副词。①如果括号内提供的是形容词，一般情况下把该形容词变成副词形式；②如果提示词前出现了比较级的修饰词语，如even，much，far，a lot，still，by far等，则要填所给词的比较级或最高级。

典例1：（2015年广东卷）17（lucky），he also had a cow which produced milk every day.

解析：分析句子结构可知，本空修饰后面的整个句子，故应填副词Luckily。

典例2：（2014年新课标卷Ⅰ）Finally, that hard work paid off and now the water in the river is 66（clean）than ever.

解析：根据句中than可知，该句表示比较，所以应填比较级cleaner。

（3）提示词是名词。当括号内提示词是名词时，一般考虑名词的单复数、名词变形容词或名词所有格等。

典例1：（2014年新课标卷Ⅰ）For most of us the 69（change）are gradual and require a lot of effort and work.

解析：分析句子结构，可以看出本空需要主语，应该填名词，根据系动词are可知应是名词的复数形式，所以填changes。

典例2：（2017年全国卷Ⅰ）However, be 69（care）not to go to extremes.

解析：分析句子结构可知，此处需要形容词作表语，应用care的形容词形式careful。

（4）提示词是代词。当所给提示词是代词时，要判断其单复数的变化以及与代词之间的转换，如人称代词主格和宾格的转换、人称代词与反身代词的转换、代词所有格与名词性物主代词的转换等。

典例：（2014年全国卷Ⅱ）Then the driver stood up and asked, "Did anyone lose a suitcase at the last stop？" A woman on the bus shouted, "Oh dear！ It's 67（I）."

解析：分析句子结构可知此处需要代词作表语，结合所给提示词和句意可以判断出答案为me或者mine。

2. 纯空格类

纯空格类主要考查介词、连词（并列连词或者从属连词）、冠词（定冠词和不定冠词）、代词（人称代词、连接代词）。

（1）通过上下文线索和文章大意判断因果、并列等逻辑关系。

（2）根据句子结构判断。如代词可以充当主语或宾语；名词后无提示词且该名词在后面句子中做成分，可以判断出应填关系代词类；若设空在两个或多个简单句之间，一般填连词等。

（3）根据固定搭配、特殊句型确定相关的冠词、代词、介词等。

典例1：（2017年全国卷Ⅲ）Her father Peter44, want her to give up school to model full-time. But Sarah, 64 has taken part in shows.

解析：根据句子结构可以看出这个空需要一个引导定语从句的关系代词，根据所缺句子成分，应填who。

典例2：（2017年全国卷Ⅰ）This included digging up the road, laying the track and then building a strong roof over 64 top.

解析：分析句子结构可知，此处存在固定句型over the top，故用定冠词the。

（三）通读全文，核实答案

第一遍填空结束后，再次通读全文，仔细研究疑惑空，最后确定答案。

通读过程中注意上下文逻辑关系是否合理，人称和数的搭配是否一致等。

掌握一定的答题技巧固然重要，但在备考过程中，教师还应有针对性地让学生加强练习，引导学生总结题型特点和规律，并根据这些特点和规律组织学生自主挖空，以命题的方式使学生深刻领会该题型，帮助学生提高语法填空题答题的准确度，进而使学生取得理想的成绩。

研究运用高考英语试题的有效途径

高考试题，是中华人民共和国教育部考试中心组织英语学科的权威专家所命制的试题。它在科学性、严谨性、难易度等方面都恰到好处。因此，往届的高考真题成为高中师生关注的焦点。从高一年级开始，教师就让学生做高考真题，教师讲评分析高考真题。师生为此投入了大量的时间，但是效果如何呢？我们应该如何有效地研究并运用好高考试题呢？

笔者结合多年的工作经验及对高考试题的研究，梳理出以下途径，期待能对高中英语同行起到抛砖引玉的作用。

一、研究高考英语改革的方向

随着高考英语改革的不断深入，英语教学逐步改变了以往重语法、重刷题的教法，开始更加关注英语学习的实质——重听说、重交际、重能力、重思维。因此，考试命题集中于英语学科必备知识、关键能力、学科素养及核心价值命制。作为一线教师，我们必须关注这一改变，并将其精神落实在日常课堂教学中。

二、研究全国卷考纲要求的变化

根据对比，2018年高考考试大纲中有关英语科目的考试要求、考试形式以及试卷结构与2017年考纲内容基本一致。而较之前几年，则有以下两个方面的变化：首先，阅读理解题从要求考生"根据上下文推断生词的词义"变更为"根据上下文推断单词和短语的含义"，这一变化体现了高考中对考查考生理解推断能力的扩展和加强；其次，语法填空题要求填写的词数，由"不多于3个单词"变化为"1个单词"，这意味着考生需更加准确地把握语境内容以及选用恰当的词汇进行作答。

三、研究高考真题的具体操作方法

（一）横向研究高考试题

认认真真地做一遍往届各省份的高考试题。只有教师认真地做一遍高考试题，才可以深入了解高考试题，感知高考试题，才具备评价高考试题的发言权。此外，教师可以上网搜索各位专家对高考试题的分析和评价。通过查看专家们对高考试题的解读与分析，结合自己做高考试题的感受，反思高考试题的特点与命题规律。切忌人云亦云，没有自己的反思和见解。

（二）纵向研究高考试题

按题型整理近五年的高考试题，分类梳理该题型命题的方方面面。建议以近五年的高考试题为主要研究素材。教师手头应有一本最新10年高考分类解析汇编，认真比对各省高考题，总结发现规律。

（三）把高考试题与日常教学结合起来

在教学中，我们要有意识地根据高考命题的特点指导日常教学。比如在阅读课教学中，教师要设置一些贴近高考阅读的题型。以人教版选修六Unit 4为例，本篇文章是magazine article，因而教师要引导学生学习阅读杂志类文章的技巧。首先，通过scanning让学生们观察这篇文章的结构与以往的文章有什么不同。接着教师讲解magazine article 的特点，设置一个高考命题题型 "What are the graphs used for？ / What is the function of the graph？"，引导学生回答 "To make the passage persuasive / convincing / scientific"。在Careful Reading 讲解不同的人对global warming 的态度时，可以设置高考题型的作者观点态度题，"What is the attitude of the writer？ A. supportive B. negative C. positive D. objective / neutral"，教师引导学生找到 "Dr Foster thinks" "She says" "Hambley states"，因为本篇是科学杂志文章，作者没有用 "in my opinion"，"I think"，"I believe"，所以作者的观点是客观的、中立的。另外，教师要强调标题、副标题以及首段的引领篇章的作用。例如：必修五Unit 2 标题 "Puzzles In Geography" 以及文章首段 "People may wonder why different words are used to describe these four countries: England, Wales, Scotland and Northern Ireland. You can clarify this question if you study British history.",通过这些信息学生很容易预测文章的内容,从而加强学生归纳高考题型主旨大意题的能力。由此可见,如果我们教师能够有意识地把高考题型贯穿在日常教学中,那么我们的学生在面对高考试题时,就会觉得很熟悉,畏惧感自然会少了很多。

作为一线教师,我们不能只停留在简单的布置试题、讲评试题层面,还应该仔细研究,明确命题角度及考点设置特点。只有教师心中有数,才能为学生把好关,达到事半功倍的效果。

研读新课标　迎接新高考

——陕西省英语骨干教师培训发言稿

各位老师：

大家好！

今天，我和大家交流的话题是——研读新课标，迎接新高考。

在此，我给大家说明一下，在接到师大教师干部教育学院的培训通知时，我和负责教师商量给大家讲关于新高考英语改革的有关内容。但是，当我着手准备这个报告时，我突然觉得这个话题固然很重要，但是，短短的一个下午，我无法给大家深入讲解新高考改革后的具体要求和高考英语试题每个题型的特点。如果非要讲，也只能浅浅地说说而已。而且，现在是一个自媒体高度发达的时代，大家也许已经通过各种渠道，了解了关于高考改革后英语各题型的应对策略。想到这些，我就想，我该给大家讲什么呢？想了很多，酝酿了好几天，终于有了答案。

我想师大的安排不能变，毕竟课表上已经告知大家了。因此，我决定在原来的话题上略加调整，从以下三个方面和大家交流：①优秀教师成长的途径；②高考试题的反思；③教师幸福的秘诀。为什么要讲这三个话题呢？我想我应该给大家解释一下。我觉得首先得从我们的职业谈起，我们都是教师，我们每个人在选择这个职业时，原因可能是多方面的。但是，不管你是因为哪种原因从事了教师这个职业，现在，我们中的大部分人是不可能改行了。这就意味着我们职业生涯是在做教师这个职业中度过的。我想问问大家：你们是不是都非常热爱这个职业呢？你们在这个行业估计都干了10年左右了，现在的你，每天是以什么样的心态去面对你的课堂和你的学生呢？你的幸福感强吗？说到这里，估计有教师会犯嘀咕了，又来个了谈职业幸福的"砖家"！老生常谈的话题，理想很丰满，现实很骨感！

在此，我想跟大家发自内心地说一下，真实情况不是这样的，教师这个行业的确是一个幸福指数很高的行业，如果你还没有体验到，那么，今天听完我的报告后，也许你会有所启发，如果能达到这样的效果，我想，今天下午的报告就成功了，我自己也会觉得非常幸福！这也是我调整我报告内容的主要原因。因为，高考研究也罢，答题策略研究也罢，这些都不是难题，思想上的盲目、观念上的困惑以及对待教育的态度才是制约一个教育者发展的障碍。

我期待通过我们今天下午的交流，能够给彼此的思想带来一些触动，能够给彼此的思想注入一些活力。

一、优秀教师成长的途径

现在我和大家谈谈第一个问题：优秀教师成长的途径。成为一名优秀教师是我们每一位教师奋斗的目标。那么，怎样成为优秀的教师呢？首先，我们必须明白，什么样的教师是优秀教师？我想所谓优秀教师，就是一个具有仁爱之心、学识渊博，精通所教学科并因此而深受学生喜爱的人。翻阅很多关于优秀教师的成长资料，留意周围的许多优秀教师，我发现，所有优秀教师的成长都离不开两个重要的行为：教学+反思。教学，我们每一位教师都在工作中践行着。但是，能够把反思作为自己每日必修课的教师非常少。正因为这样，优秀教师的数量是比较有限的。大家都会说，我每天很忙，哪有那么多的时间写反思呢？就这样，大家日复一日、年复一年地忙碌着。工作10年左右了，自己的教育观、教学风格、学科体系、学科思想都是模糊的。感觉自己每天都是被烦琐的工作拖着往前走。渐渐地，职业倦怠感就出现了。也许，夜深人静的时候，还会问自己，我为什么要干这个行业？我就这么一辈子庸庸碌碌过下去吗？但是，真正面对现实时，就没有时间那样感慨了。心想算了吧，这就是个工作，养家糊口吧！

因此，要想让自己成为一名优秀教师，我们必须学会反思，并让反思成为一种习惯。那么，我们该反思什么？我想，作为教师，我们应该反思自己的为人处世，自己的内涵，自己的专业知识，自己的师生关系、人际关系等。比如说为人处世吧，我们看到周围有些人或者事情不符合自己做事的标准时，我们该如何说，如何对待；再比如说课堂教学吧，当我们上完一节课后，自己感觉非常满意时，我们是否会迅速写下当时的感受，并能反思这节课的优点在哪里，还有哪些需要改进的地方；当我们去听一些优秀教师的报告时，我们是不是感觉自己也有同样的感受，但就是没有来得及整理。当我们始终处于这样一种状态时，老师，我想跟你说："你已经落伍了，你没有抓住那瞬间的灵感，你错过了很多宝贵的机会和瞬间，你做了很多无用功，你每天都在做重复的工作，你的生活因此而缺乏激情。而且你也因此产生了很强的自卑感，更谈不上职业幸福感了。"但是，反过来，如果我们能够及时反思，及时记录下工作中那些瞬间的灵感，勤于总结过去的经验和不足，并能发扬长处，弥补不足，做一个善于反思的人，那么，我们离成功就不远了！而且，具有这样优秀特质的人，他干别的行业也同样会是精英级别的。老师们，让我们从今天开始，做一个善于反思的教育者，让反思成为我们工作中一个重要的习惯！

二、高考试题的反思

高考是高中师生最为关注的话题。从高一年级开始，我们教师就开始让学生做高考题，讲评分析高考题。但是，这样真的有效果吗？我们究竟该如何有效地研究和运用高考试题？我想，这是每一位高中教师都应该认真思考的问题。

（一）《普通高中英语课程标准（2017年版2020年修订）》聚焦点

（1）英语学科的育人目标、理念和价值取向。

（2）以英语学科核心素养为纲的课程内容。

（3）指向英语学科核心素养发展的学习活动观。

（4）基于英语学科核心素养发展理念的教学与评价。

（二）《高考评价体系》在高考命题中的体现

新高考评价体系在高考命题实践中最为明显的地方体现为"两线贯通"：一方面各个学科坚持贯彻国家意志，坚持正确导向，积极渗透和贯彻对核心价值的考查；另一方面强调对学科素养、关键能力的考查，特别是对创新思维、批判性思维、情境创设等的考查。

2022年高考卷，坚持弘扬主旋律，彰显时代精神，跟现实生活保持了高度的一致。新高考试题历经多年积累，不再回避热点，而是直接面对热点，实现政治与生活的零距离接触。

带给我们的启示：在课堂教学与日常学习的过程中，有意识地关注现实热点和生活实践，注重培养学生的思维品质，引导学生树立正确的价值观。

（三）高考题的几点思考

高考试题，是中华人民共和国教育部考试中心组织多年来研究高考的专家们所命制的试题。它在科学性、严谨性、难易度等方面都恰到好处。那么，我们如何有效地研究并运用好高考试题呢？

1. 深入研究《中国高考评价体系》，推进课堂教学改革

全面把握《中国高考评价体系》的总体特征，深入理解高考的核心功能，恰当使用《高考评价体系》，通过高考落实立德树人的根本任务，发挥高考对素质教育的促进作用。

新高考改革对传统课堂提出了新的挑战，以立德树人为根本任务的育人要求，要求教师将"一言堂"的传统课堂、只注重知识传授的课堂，转变为注重"基础性、综合性、应用性、创新性"的新课堂。

我们必须深入推进课堂改革，从备课、课前预习、课堂模式、作业布置、学生活动等方面，改变以往的教师教法、学生学法，深入推进新课堂建设。

2. 认真研究高考试题，发挥高考真题对实际教学的反拨作用

（1）按题型整理近五年的高考试题，分类梳理该题型命题的方方面面（以近五年的高考试题为主要研究素材：高三二轮复习时，要求学生与教师一起做，随后学生先讲自己发现的规律，教师再做点拨、总结、提升）。

（2）手头有一本最新十年高考分类解析汇编，认真比对各省高考题，总结发现规律（以近十年的高考题为主要举例素材）。

（3）在课堂教学中，多角度使用高考真题，引导学生发现高考试题的命题特点，发现规律，积极备考，深入挖掘试题所承载的语篇意义和情感意义。

（四）高考试题特点及备考策略

因为时间关系，今天我主要想和大家交流一下高考试题中的两大题型：阅读理解和完形填空。

1. 阅读理解

考纲要求：学生读完文章后，能理解文章的主旨要义，理解文中具体信息，根据上下文推断单词和短语的含义，做出简单的判断和推理，理解文章的基本结构，理解作者的意图、观点和态度。

高考命题人依据考纲要求进行命题，所以，我们看到的高考阅读理解试题分为以下六种题型：主旨大意题，细节理解题，猜测词义题，推理判断题，文章基本结构题，作者的意图、观点和态度题。

首先，我想跟大家交流一下命题人在命制该试题时的一些环节。命制该试题的都是大学教师，他们设置的试题立足于文章的大局。从设题特点来看，题目的设置更多地依赖语境，反映出命题者对理解主题和篇章结构的重视。另外，高考阅读理解试题的原文素材基本上都选自英文报纸杂志的时文。值得注意的是，这些文章的目标读者，可不是我们中国的高中生，而是以英语为母语的读者，所以，文章很地道，语言原汁原味。考生只有具备了一定的跨文化意识和语言素养才可以很好地理解文章，理解作者的意图。因此，想要做好阅读理解题，学生首先必须具备足够的词汇量。（补充一下，所有命题教师在命题时，必须人手一本大纲，如果发现某个单词不是大纲里的，就会立即换词。因此，我们必须让学生过好大纲词汇关。）另外，教师必须引导学生学会抓住文章的主旨，以主旨为主线，深入理解文章的各个细节。因为命题人在命题时，他们是以主旨为主线，以支撑主旨的主要或者说关键的细节信息为细节理解题和推理判断题的。另外，在命制试题时，命题人会把一些长难句作为命制难题的来源，学生只有结合文章理解了这些长难句，才可以做好对应的试题。

2. 完形填空

考纲要求：该题型从语篇角度综合测试考生的阅读理解能力、对词汇的掌握程度、对英语习惯用语的熟悉程度、语法规则的灵活运用能力以及对语篇理解的连贯性与准确性。

文章的体裁多以记叙文和夹叙夹议文为主要形式。在命制试题时，命题人都是以语篇和语境为基本准则来挖空的。这些空要么是基于前照应，也就是说通过前面的文章信息，考生可以推测出来该空的答案；要么是后照应，即考生可以通过空后的信息推测出该空的答案；最难的就是语篇照应，考生只有理解了整篇文章，通过语篇的提示才可以推测出该空的答案。从以上挖空的规律我们不难看出，所有的挖空都是有照应的，考生在做题时切不可主观臆断，而应基于语篇或者说是上下文来做题。简单说就是每空都要在文章中找到照应词或照应句、段，做到选择必有依据。认真研究近几年的高考试题，我们可以发现：完形填空的选项设置淡化对语法的考查，重视考查学生对文章的理解。这也是我们处理完形填空题时应该给学生强调的重点。比如说有些答案放在这个句子里是非常好的，逻辑通顺，但是，如果从整篇文章来理解，就显得比较突兀。因此，学生做题时必须牢记语篇，即全文的主旨。

三、教师幸福的秘诀（源泉）

有一句话是这样阐述幸福的："一个人最大的幸福，大概是内心的平静与满足。"我们暂且不说它是否正确，但我觉得这句话里有两个核心词——平静与满足。我想如果一个人能达到这种境界，那么他应该是幸福的了。试想一下，作为一个教师，如果奋斗的目标不清晰，教育和人生的关系不清楚，师生、人际关系不和谐，学科知识不扎实，他内心能平静和满足吗？相反，如果把刚才提到的问题都处理好了，这个人的幸福指数应该很高了。

不知道大家有没有感觉到教师这个行业是比较容易获得幸福感的。我以前没有认识到这一点，但是，经过这么多年，我越来越感觉到教师更容易获得幸福感。因为教师的工作环境相对比较简单一些，更重要的是我们的工作对象是学生，社会对他们的影响还比较少，他们阳光、积极、率真、可爱。在这样一个相对简单的环境里，我们做好自己的业务，接纳并欣赏我们的学生，尊重每个学生的差异，每天都可以接触到书籍，在书籍里走近智者，感悟经典，并且不断地要求自己朝着自己既定的方向前进，这难道不是非常幸福的事情吗？也许你们会觉得我是一个理想主义者。但是，我想告诉大家，你们的看法，你们的困惑我都有过。我也像很多教师那样，抱怨学生不买账，抱怨领导对自己不好，抱怨学校各种管理制度不公平等。但是，我们仔细想想，我们的这些抱怨都是说别人对自己不怎么样，你有没有考虑过自己对学生怎么样，我在学校的贡献是怎么样的，我的课堂学生是否喜欢。如果我们转变一下思考问题的角度，变要别人对我怎样为我要让别人对我怎样，即变被动为主动。通过自己的有为到自己的有位！其实要获得这些尊重和信任，最根本的途径只有一个：课堂。课堂是我们教师幸福的源泉，这个问题解决好了，一切都迎刃而解了。

当然，人生不只是和风细雨，也有电闪雷鸣，之所以我内心会比较平静和满足，是因为我明白了很多道理，我懂得了教育者的使命。我学会了尊重学生，尊重每一个生命，我学会享受我的课堂。这些醒悟我想也与我喜欢喝茶有关系，但更重要的是来自不断地反思、成长和沉淀。

只有自己可以改变自己，只有自己可以成就自己！

第五章
主题语境下的词汇教学分类研究

　　高中英语课程内容包括六大要素：主题语境、语篇类型、语言知识、文化知识、语言技能和学习策略。其中，主题语境包括人与自我、人与社会和人与自然。主题为语言学习提供主题范围或主题语境。对主题意义的探究是学习语言的重要内容，直接影响语篇理解的程度、思维发展的水平和语言学习的成效。

　　在三大主题语境中，每个主题语境涉及不同的子主题。高考中涉及的主题主要包含10个，即个人情况、学校生活、人际关系、生活方式、文娱体育、科技发展、热点话题等。如果将这些主题语境下的相关词汇、短语、句子、语篇等进行分类教学，将会有助于在学生大脑中建立一个清晰的语义场。语义场是指具有某种共同或相近语义的语言单位构成的集合。词语不是孤立存在的，而是互相联系、互相依存的。

　　因此，以主题语境为单位，即以话题为单位，梳理出该话题下的相关词汇，相互结合在一起建立一个语义场，形成词汇记忆的集合单位。根据主题进行分类教授学生学习、掌握、运用词汇，可以使词汇学习条理化、系统化，从而达到词汇学习事半功倍的效果。

　　本书根据话题的热度和频度为各位英语教师呈现了三大主题语境下的6个常见话题。每个话题结合话题内容及高考高频考点分为几个子话题。每个子话题下都包括话题词汇、话题短语、话题句子及话题运用。期待通过这6个话题的展示为广大英语教师带来启示，提高词汇的教学效果。

人与自我

个人情况（Personal information）

话题要点：

（1）个人情况：individual data（name, age, date of birth, place of birth, telephone number, address, ID number, etc.）

（2）家庭情况：family data（name, age, relationship, etc.）

（3）学校情况：school data（school, grade, class, teacher, grades, etc.）

（4）工作职业：jobs and career（worker, teacher, doctor, farmer, driver, official, etc.）

Topic1：人物介绍

一、Word bank on this topic

（一）年龄、性别及身份

age, aged, old, elderly, male, female, ID number, postcode, identification, income, salary, passport, degree, major, hobby, occupation, race, minority, immigrant, orphan, career, diploma, position, relative, etc.

（二）个人出生地

address, nationality, country, province, state, county, community, block, village, mountain, neighborhood, located/situated, etc.

（三）个人职业

worker, teacher, doctor, architect, athlete, painter, tutor, general, minister, performer, porter, detective, scientist, director, novelist, astronaut, interpreter, accountant, lawyer, translator, statesman, coach, designer, editor, dentist, headmaster, chef, salesman, etc.

（四）性格特征

gentle, adventurous, enthusiastic, sociable, friendly, innocent, childish, sensitive, romantic, humorous, independent, selfish, easy-going, stubborn, bad-tempered, warm-hearted, silent, patient, open-minded, optimistic, outgoing, etc.

（五）婚姻情况

marriage, remarry, single, bachelor, abandon, divorced, widow, etc.

（六）个人能力及评价

suitable, talented/gifted, energetic, capable, qualified, genius, professional, skillful, wise, talented, lack, motivation, potential, promising, full-time, part-time, successful, ambitious, responsible, knowledgeable, opportunity, personnel, staff, imaginative, intelligent, smart, well-known, distinguished, etc.

二、Phrase bank on this topic

（一）年龄、出身

at an early age	年龄小的时候
at the age of six	在六岁时
by the age of seven	到七岁时
be of the same age	同龄
a boy aged ten	一个十岁的男孩
a five-year-old boy	一个五岁的男孩
in my teens /twenties	在我青少年/二十多岁时
was born in a teacher's family	出生于教师家庭
come from a poor/wealthy family	出身贫穷/富有
come from	来自……
graduate from	毕业于……
a senior 3 student	一名高三的学生

Chinese nationality	中国国籍

（二）外表特征

an 1.80-meter-tall boy	一个身高1.8米的男孩
average height	平均身高
be in good health/shape/condition	身体健康
personal appearance	个人形象
tall and thin	高挑的
a good figure	好身材
grey hair	灰白色的头发
broad shoulders	宽阔的肩膀
wear a warm smile	面带微笑
well-developed muscles	肌肉发达

（三）个人性格特征及爱好

an open-minded and optimistic boy	一个开朗乐观的男孩子
be very friendly and generous	待人友善且慷慨大方
be interested in Chinese	对汉语感兴趣
have a taste for / be fond of English	喜爱英语
be optimistic about life	对生活乐观
lead an active life	积极地生活
help others with their work	帮助别人工作
have a good sense of humour	富有幽默感
with great determination	坚定地
energetic and active	精力充沛且活泼
have patience and confidence	具有耐心和信心
be crazy about making money	热衷于赚钱
develop an interest in charity	在慈善事业方面培养兴趣
form the habit of getting up early	养成早起的习惯

（四）个人优势

have patience and confidence	具有耐心和自信心

be very friendly and generous to sb.   待人友善且慷慨大方

have the language advantage over...   有语言方面的优势……

have a good knowledge / command of ... 精通掌握……

get on / along well with my classmates   和我的同学相处

be on good terms with sb.   与某人关系好

establish good interpersonal relationships 建立良好的人际关系

communicate with people freely   和人们自由交流

compete with ...   和……竞争

keep my word/promise   遵守诺言

show love and concern for children   爱护和关心孩子

be qualified / fit for the job   胜任这个工作

三、Sentence bank on this topic

（一）人物总括介绍

I'm a beautiful girl, with long hair and big eyes.

我是一个长着大眼睛、留着长发的漂亮女孩。

I, the son of a poor family, was born in Guangdong on February 12, 1999.

我1999年2月12日出生于广东的一个贫困家庭。

I am a 17-year-old boy, 1.80 meters tall, and sure to graduate at the top of my class.

我今年17岁，身高1.8米，我确信一定会以全班第一的成绩毕业。

My name is Li Ming, a student currently studying at Qi Ming high school.

我是李明，目前就读于启明高中。

Such is Wang Xiaoping, born in China in February, 1986, a senior engineer of a famous computer company in China.

王小平，1986年2月出生于中国，是一位就职于中国一家著名计算机公司的高级工程师。

Hanson is our chemistry teacher, who is about 50 years old, tall and thin with a pair of thick glasses.

汉森是我们的化学老师，他50岁左右，又高又瘦，戴着一副高度数眼镜。

Mary, an excellent teacher as well as our trust-worthy friend, has been a math teacher for 20 years.

玛丽，既是我们的好老师也是我们值得信赖的好朋友，截至目前已经从事数学教学20年了。

（二）人物性格特征、兴趣爱好介绍

I'm Li Hua, easy-going and skilled at communicating.

我叫李华，性格随和，善于交际。

Born in America and aged 30, Ms Lily, is a lovely teacher with a sense of humor.

30岁的Ms Lily出生于美国，是一位可爱又幽默的老师。

Li Min is our monitor. She is tall, healthy and lively. She does well in all subjects. She is fond of sports and is good at singing and dancing.

李敏是我们班长。她个头高，身体健康，充满活力。她精通各科，喜欢运动，擅长唱歌跳舞。

Having a special interest in English, I speak it very fluently.

我特别喜欢英语，并且说得很流利。

Of all the subjects, physics is her favorite and she is one of the best in this subject.

在所有的科目中，她最喜欢物理而且也是该学科中的佼佼者。

 Not only do I show interest in science, but also I have a gift for music.

我不但对科学感兴趣，而且也有音乐天赋。

（三）个人能力和优势介绍

I'm 18 years old and have a good command of English, especially in terms of speaking and listening.

我18岁，精通英语，特别是听说方面不错。

My spoken English is good and I can communicate with foreigners fluently.

我的英语口语很好，能与外国人流利地交流。

I have a good knowledge of English and can get along well with others.

我精通英语并能与他人友好相处。

English is my favorite subject and I have won several prizes in English contests. So I believe that I am qualified for the position.

英语是我最喜爱的科目，我多次在英语比赛中获奖。基于此，我认为自己非常适合这个岗位。

I have my own strengths despite some weaknesses.

尽管我有一些缺点，但我的优点也相当多。

For two years I have been tutoring students in English. Presently I work as a member of Loving Heart Club in our school.

两年里我一直指导学生英语。目前，我是学校爱心俱乐部的成员之一。

As a diligent girl with great organizing ability, I have always been considered to be a good team member and have served as monitor for 3 years.

我是一个位勤奋且组织能力强的女孩。大家一致认为我是一个优秀的团队成员，而且连续三年担任班长。

Topic2: 人物传记

一、Word bank on this topic

（一）个人外貌

fat, overweight, thin, slim, strong, short, tall, fair, beard, middle-aged, plain, good-looking, ordinary-looking, handsome, pretty, attractive, charming, elegant, thin-faced, round-faced, beautiful, fair-skinned, ugly, etc.

（二）个人衣着

clothes, clothing, suit, coat, overcoat, dress, shirt, skirt, trousers, sweater, underwear, shorts, tie, shoes, button, glove, ring, necklace, uniform, casual, formal, tight, loose, fashionable, shabby, well-dressed, neatly-dressed, etc.

（三）个人品质

quality, brave, bright, confident, creative, devoted, determined, diligent, kind, easy-going, friendly, generous, responsible, thoughtful, warm-hearted, selfless, strong-willed, enthusiastic, etc.

（四）个人行为

argue, consider, contribute, devote, donate, make, organize, organization, publish, research, recommend, set, affect, graduate, work, study, learn, major, succeed, struggle, think, encourage, expect, lead, gain, get, help, win, etc.

（五）个人表情

expression, facial, confused, delighted, surprised, amazed, excited, scared, frightened, worried, happy, serious, blank, hopeless, doubtful, numb, anxious, etc.

二、Phrase bank on this topic

（一）个人学习工作经历及专业

graduate from Xinhua Middle School	毕业于新华初中
after graduation	毕业后
was admitted into a key university	被重点大学录取
major in finance	主修金融
devote his life/energy to science	把他的一生/精力投入到科学上
work until midnight	工作到深夜
do research on cloning	做克隆研究
well-educated	受到良好教育的
education background	教育背景
be fond of agricultural research	喜欢农业研究
have a gift / a talent for music	有音乐天赋
get promoted	获得晋升
work experience	工作经历
select a university major	选择大学专业
team spirit	团队精神
strive for my ambitious	为我的雄心而奋斗

（二）个人能力及成绩

be good at cooking	擅长做饭
English ability	英语能力

be weak in math   在数学课方面薄弱

a boy with great ability   能干的男孩

have a good knowledge of nature   了解自然

make progress in study   在学习上取得进步

get good grades   获得好成绩

win a gold/silver/copper medal   获得金/银/铜牌

win the first prize   获得一等奖

achieve great success   大获成功

receive/get a（bachelor's/master's/doctor's）degree in English

获取英语专业学士/硕士/博士学位

三、Sentence bank on this topic

（一）工作学习经历

He always makes his class interesting and lively with his teaching style quite different from that of others.

由于教学方法与众不同，他的课堂总是生动有趣。

Born in Jiangsu, China in 2010, Wang Cheng has had a strong passion for swimming since he took it up at the age of five.

2010年，王成出生于中国江苏。从5岁开始游泳，他一直对游泳有着极大的热情。

I studied at Xinhua High School and graduated from Shaanxi Normal University.

我就读于新华高中，毕业于陕西师范大学。

He began to learn to play the violin at an early age.

他很小的时候就开始学习拉小提琴。

By the age of 14, he had played the piano very well.

到十四岁时，他钢琴已经弹得很好了。

She put her heart and soul into the work.

她全身心地投入到工作上。

（二）个人成长经历及成就

I am sociable, easy-going, and good at communicating with others.

我爱好社交，性格随和，擅长与他人交流沟通。

I have made many friends and I can work well in a team.

我广交朋友，在团队中能与他人和睦共事。

I am quite independent and it is easy for me to adapt to a new environment.

我个性独立，适应新环境能力很强。

I not only perform well but also do well in singing and dancing. I once won the first place in Sichuan Singing and Dancing Contest and was given the title of Excellent Student Leader in Sichuan.

我不仅表演得好，而且唱歌和跳舞都做得很好，曾在四川省歌舞比赛中荣获一等奖，并且被授予四川省优秀学生干部的称号。

He has broken many world records and is considered as one of the most outstanding allround swimmers in the world.

他多次打破世界纪录，被认为是世界上最出色的全能型游泳选手之一。

Five years after having graduated from Xi'an Jiaotong University, he received a doctor's degree of computer.

他从西安交通大学毕业5年后获得了计算机博士学位。

She was awarded the Nobel Prize for her scientific achievements in chemistry.

她因在化学方面取得的科研成就被授予了诺贝尔奖。

In his life, he got many honors, one of which is the 2014 CCTV Moving China Award.

他一生中获得了许多荣誉，其中包括"2014年感动中国年度人物"的称号。

With great determination and perseverance, he took 37 years to finish the book, which makes a great contribution to China.

凭着他的决心和毅力，他花了37年的时间写完这本书，为中国做出了巨大贡献。

She devoted all her life to scientific research and received Nobel Prizes for physics and chemistry in 1903 and 1911, which made her become the first scientist in the world to win two Nobel Prizes.

她一生致力于科学研究，在1903年和1911年分别获诺贝尔物理学奖和化学奖，这使她成为世界上第一位两次获得诺贝尔奖的科学家。

（三）他人评价

She is highly thought of by all the teachers.

所有老师对她评价都很高。

Gary is always warmhearted and cares a lot about the class. Besides, he often devotes his spare time to helping others. He deserves the honor and we should learn from him.

Gary是个热心肠的同学，他很关心班级，而且经常利用空闲时间帮助别人。他理应获此殊荣，我们应向他学习。

Li Bo is modest and always ready to help others. He is very strict with himself in his work and daily life. He sets us all a good example.

李博为人谦虚，乐于助人，在工作和日常生活中严格要求自己，为我们树立了良好的榜样。

He often encourages us to help each other with our study and has sports with us together.

他常常鼓励我们学习上相互帮助并且经常和我们一起进行体育活动。

I admire Helen because she is optimistic about life.

我敬佩海伦，因为她对生活乐观。

Helen has set an excellent example to all of us, whose story tells us that we should value what we have, and try our best to overcome any difficulty in life.

海伦为我们树立了良好的榜样，她的故事告诉了我们应该珍惜拥有的一切，而且要尽最大努力去克服生活中遇到的各种困难。

学校生活（School life）

话题要点：

（1）学校建筑：school buildings（classroom, office, library, etc.）

（2）学校组织：school organizations（grade, class, subject, break, schedule, etc.）

（3）校园人物：people（teacher, classmate, schoolmate, cleaner, etc.）

（4）学校课程：school subjects（Chinese, math, English, geography, history, etc.）

（5）学校活动：activities（sports, extra-curricular involvement, trip, etc.）

Topic1: 学校课程

一、Word bank on this topic

（一）学科课程

academic, course, compulsory course, scholarship, biology, mathematics, geography, IT（Information Technology）, PE（Physical Education）, physics, etc.

（二）课堂活动及表现

amusing, behavior, consider, comprehension, energetic, hard-working, intelligent, instruction, lively, misunderstanding, organized, popular, patient, shy, strict, stupid, creative, active, absent, punctual, imagination, etc.

（三）实验课堂

aim, balance, burn, expand, equipment, bubble, float, form, liquid, mixture, oxygen, percent, solid, steam, model, etc.

（四）课外活动

attractive, competitive, elect, photography, suit, obey/observe, nervous, praise, relax, spare, volunteer, spirit, equip, monitor, playground, assess, debate, obtain, enrich, attend, award, etc.

二、Phrase bank on this topic

（一）课程学习

take a course in English	修英语课
major in physics	主修物理
apply for an academic degree course	申请学位课程
make progress in English study	在英语学习中取得进步

do/conduct/carry out/perform an experiment

做实验

have a good knowledge of computer programming

精通计算机编程

optional/selective course	选修课

get down to/ concentrate on my scientific research

专注于我的科研工作

have fun learning English	学英语很有乐趣
his devotion to the cause of education	他对教育事业的热爱
an approach to physics	学习物理的办法

（二）学习生活

make a speech in public	公开演讲
make up my mind to improve English	下定决心提高我的英语水平
make full use of his spare time	充分利用他的空闲时间
make an effort to do something	努力做某事
come up with a good idea	想到/提出一个好主意
apply herself to a difficult task	致力于一项艰难的任务
show great interest in chemistry	对化学表现出浓厚兴趣
be curious about everything	对一切感到好奇
to some degree	在某种程度上
respect one's teachers and parents	尊敬师长

outdoor activities	户外活动
draw a conclusion	得出结论
have a talent/gift for language	有语言天赋
with traditional teaching methods	用传统的教学方法
graduate from Harvard University	毕业于哈佛大学
be divided into four groups	分为四个组
on schedule	按时
be passionate about paper-cutting	酷爱剪纸

三、Sentence bank on this topic

（一）学校里的人和事

Of all the people I know, perhaps none deserves my respect more than Miss Zhang, my English teacher.

在认识的人当中，也许没有一个人比英语老师张老师更值得我尊敬。

A child poor at math may be talented for painting.

尺有所短，寸有所长。

The next day, my classmates and I made a poster to present what we had done, which would surely influence all the students in other classes.

第二天，我和同学制作了一个海报来展示我们所做的事，这肯定会影响其他班所有的同学。

As high school students, we should do our bit to say "No" to junk food, which will be beneficial to our health.

作为高中生，应该拒绝垃圾食品，对我们的健康有好处。

Finding that I fell behind the other students in my class, my English teacher didn't hesitate to help me out of the trouble.

英语老师一发现我的英语成绩落后，就毫不犹豫地帮我解决这个困难。

From my point of view, only through studying hard can I expect to get high grades in the exam.

我认为，只有努力学习，才可以指望在考试中获得高分。

I do hope that I could be elected president of our Students' Union.

我的确希望能当选学生会主席。

Every time before an examination, I am so upset. I'm afraid I may fail the exam and can't live up to my teacher's expectations.

每次考试前我都非常烦躁，害怕考试不及格而辜负了老师的期望。

Please actively take part in after-class activities, which will not make your school life colorful, but also improve your learning.

请积极参加课外活动，不仅可以使你的学校生活丰富多彩，而且还可以促进你的学习。

Not only did it get us close to nature and make us relaxed from heavy schoolwork, but also it promoted the friendship among us.

它不仅使我们接近大自然，在繁忙的学习中得以放松，而且促进了我们之间的友谊。

I'm writing to make some suggestions/recommendations for improving the dormitory conditions of our school.

我写信是想就提高我校住宿条件提一些建议。

It is high time that schools took practical measures to promote the all-round development of students.

现在是学校采取切实措施促进学生全面发展的时候了。

What impresses me most is that our teacher always creates a kind of atmosphere where we can voice our opinions freely.

给我印象最深的是，我们老师总是营造一种我们可以自由发表看法的氛围。

Only when you devote yourself to it can you enjoy the real pleasure of learning.

只有当你投入的时候，你才能体会到学习的真正乐趣。

（二）学校环境及规章制度

The students are told not to break any of the rules of the school.

学校要求学生不得违反任何学校的规章制度。

It is honorable to obey the principles and rules of our school.

遵守学校的规章制度是光荣的。

My school has very strict discipline which we need to follow on regular basis.

学校纪律非常严格，我们必须遵守。

I prefer to fail rather than cheat in the exam.

我宁愿考试不及格，也不愿意作弊。

My school is located at a very peaceful place with fragrant flowers around and it is away from pollution, dust and noise.

我们学校位于一个宁静，并且周围鲜花芬芳，远离充斥污染、灰尘和噪声的地方。

From this lesson I realized that perseverance is a quality that we need to achieve our dream.

从这节课中，我意识到毅力是帮助我们实现梦想的重要品质。

Topic2: 学习方法

一、Word bank on this topic

（一）学习态度

attitude, diligent, hard-working, amazed, concentrated, bored, disappointed, effort, serious, confident, optimistic, curious, enthusiastic, etc.

（二）学习过程

theory, concept, idea, opinion, instruct（instruction）, explain（explanation）, analyze（analysis）, research, seminar, discuss, debate, obtain, attention, reference, session, recite, dictation, presentation, summary, confuse, solve, assignment, overcome, imaginative, acquire, compare, absorb, exchange, etc.

（三）学习方法

access, approach, means, method, experiment, method, observe（observation）, revise（revision）, efficient, effective, obtain, figure, thought, etc.

（四）评估与考试

assess（assessment）, result, mark, score, fail（failure）, cheat, check, error, pass, academic, weakness, test, feedback, comment, progress, etc.

二、Phrase bank on this topic

（一）学习习惯

hand/turn in homework	上交作业
refer to the dictionary	查阅字典
team up with each other	互相配合
drop out of school	退学
lose heart	灰心丧气
have access to a library	可以进入图书馆看书
by all means	

尽一切办法；务必；当然可以（表示答应）

show an early interest in...	很早就开始对……感兴趣

put one's heart into/be devoted into/be absorbed in/apply oneself（one's mind）to/concentrate on...

专心于，致力于……

devote all one's time to something	把所有的时间都投入到某事上
take an active part in/be active in	积极参与
without one's permission	未经允许
preview lessons	预习功课
review/go over the lesson	复习功课
take advantage of reference books	利用参考书
take an entrance examination	参加入学考试
lifelong learning	终身学习
learning strategies	学习策略
take/make careful notes of	仔细记下
step by step	一步一步地
learn something by heart	熟记

（二）学习成果

cheat in the exam	考试作弊

deliver/give a lecture	发表演讲
get good grades	获得好成绩
get full marks（for math）	（数学）得满分
have a good command/knowledge of language	
精通语言	
catch up / keep up with sb.	赶上某人
pass/fail the examination	考试及格/不及格
fail in my English test	英语考试不及格
lay a good/solid foundation in...	为……奠定牢固的基础
gain a scholarship/win a scholarship	获得奖学金
all-round development	全面发展
speak highly of sb.	高度赞扬某人
respect teachers and parents	尊敬老师和家长
distinguish oneself	展示自己
behave well	表现良好
put ... into practice	将……付诸实践
overcome difficulties	克服困难
be weak in English	英语学得不好
enrich his knowledge	丰富他的知识
build up self-confidence	树立自信
broaden my horizons	开阔我的眼界

（三）不良习惯

be late for/be absent from	迟到/缺席
break the school rules and regulations	违反学校的规章制度
get into a bad habit	染上坏习惯
throw rubbish everywhere	乱扔垃圾
absence of mind	心不在焉

三、Sentence bank on this topic

（一）学习经历

He succeeded in passing the entrance exam.

他成功地通过了入学考试。

Taking physical exercise is the best way for us to relax ourselves under stressful conditions.

在有压力的情况下，体育锻炼是放松的最好方式。

That is to say, the best way to keep stress away is to have a balanced life.

也就是说，平衡的生活方式是释放压力最好的方法。

The most effective way to release the stress is to do something you like.

释放压力的最有效的方法就是去做你喜欢的事。

As long as you keep practicing, you'll certainly make steady progress in your study.

只要你坚持练习，学习上一定会稳步前进。

As far as I am concerned, for students, their study, health and safety should be put in the first place.

我认为学生应该把自己的学习、健康和安全放在首位。

In the past three years, I've benefited a lot from my school education, which helps me grow into an independent thinker and an efficient learner, and prepare for the future.

过去三年时间里，学校教育让我受益匪浅，使我学会独立思考，学习有效率，并为未来做好了准备。

It really benefited me a lot to review what had been taught after class.

课后复习学过的知识让我受益匪浅。

In this way, he could keep pace with his classmates, and sometimes exchange learning strategies with friends.

用这种方法，他就能与同学同步，有时还与朋友交流学习策略。

（二）学习建议

We teenagers should make the full use of our valuable time at high school and develop our potential to the fullest.

我们青少年应该充分利用中学时期宝贵的时光，充分发掘我们的潜力。

The teacher recommended that everyone （should） take an active part in the English party.

老师建议每一个人都应积极参加英语晚会。

We should realize that stress is a natural part of our life and a certain amount of stress is vital to provide motivation.

我们应该意识到压力是我们生活中很自然的一个部分，而且适度的压力对提升驱动力是至关重要的。

Here are several tips on how to learn English well. Firstly, you should read interesting English news as much as possible, which can increase your interest in English.

这是学好英语的几条建议。首先，你应当尽可能多地去阅读有趣的英语新闻，有助于增加对英语的兴趣。

I hope you will find these recommendations useful.

我希望你将发现这些建议有用。

His father stressed the importance of learning to him and inspired to obtain access to lessons online.

他父亲向他强调了学习的重要性，并鼓励他获取在网上上课的机会。

（三）学习励志类

It is the perseverance that helps all of us learn to overcome a variety of difficulties.

是毅力帮助我们大家学会了去克服各种各样的困难。

Building up confidence is significant, which can inspire you to overcome the stress.

建立自信是重要的，可以激励你去克服压力。

My father's experience tells me that it is not what you are given but how you make use of it that determines who you are.

爸爸的经历让我明白：决定你是什么样的人的不是给予了你什么而是看你如何利用好它。

Taking up some reasonable punishment is also helpful in preventing this thing from happening again.

采取一些合理的惩罚也有助于预防这种事情再次发生。

So precious is time that we can't afford to waste it.

一寸光阴一寸金，寸金难买寸光阴。

On no account can we ignore the value of knowledge.

我们绝对不能忽略知识的价值。

The more we read, the more we will get.

我们书读得越多，我们就越有学问。

When facing difficulties, I have enough courage to get them over.

当遇到困难的事情时，我有足够的勇气克服它们。

There is no doubt that our educational system leaves something to be improved.

毋庸置疑，我们的教育制度还有一些有待改进的地方。

Isn't it a pleasure to have great calm in mind while you are reading?

读书时享受到内心的那种极平和的感觉难道不快乐？

Every student, no matter how talented or hard-working he or she is, will come across difficulties in his or her study.

每位学生，不管他或她有多么聪明，多么努力，在学习中总会遇到困难。

Slowly I built up my confidence to express myself during our group discussion.

慢慢地，我树立了能在小组讨论中表达自己观点的自信。

Only by reading widely can we gain more knowledge and broaden our horizons.

只有博览群书我们才能增长知识开阔视野。

A good education can equip you for life.

良好的教育能受用终生。

With the arrival of the economic globalization and knowledge economy, more and more people realized that the competition in the future is mainly the talents' competition.

随着经济全球化和知识经济的到来，越来越多的人认识到未来的竞争主要是人才的竞争。

The closer we are to the society, the more experience we will gain in our life.

我们与社会接触越多，我们在生活中获得的经验就越多。

Not only do books show us a broad world but also we can benefit from them all our lives.

书本不仅可以给我们展示一个广阔的世界，而且还可以使我们终身受益。

You do not lack time to study; you are lacking the efforts.

你并非缺乏时间学习，而是缺乏努力。

Sleep now, dream will come out; study now, dream will come true.

此刻打盹，你会做梦；此刻学习，梦想成真。

If you have trouble in study, don't be frustrated, try to face your life and your studies with courage and determination.

倘若你在学习中遇到困难，不要气馁，以勇气和决心去面对生活和学习。

Topic3: 学校活动

一、Word bank on this topic

（一）学校活动

celebrate, opinion, accommodation, report, research, result, challenge, complete, realize, major, degree, department, spare, entertainment, elect（election）, contest, compete（competition）, match, race, contest, etc.

（二）参与活动

attend, participate, volunteer（voluntary）, cooperate（cooperation）, interact, involve, prize, award, reward, praise, medal, win, lose, beat, respond, etc.

（三）体验与感受

enrich, enlarge, relax（relaxation）, discourage, imagination, nervous, upset, amazed, inspired, creativity, refresh, depressed, active, success, worthy, etc.

二、Phrase bank on this topic

a graduation ceremony   毕业典礼

after-school activities /extra-curricular activities
课外活动

sports meeting	运动会
summer camp	夏令营
a guided tour	旅游团
a spring outing	春游
go sightseeing	去观光
parent-teacher conference	家长会
school anniversary	学校周年庆
go in for all sports	爱好各种运动
build up his strength	增强体力
sign up for a training class	报名参加培训班
ahead of schedule	提前
in the long term	从长远看
exchange student	交换生
Students' Union	学生会
social investigations	社会调查
voluntary labor	义务劳动
physical activities	体育活动
have a picnic/barbecue	去野餐/烧烤
hold a sports meeting	举行运动会
have an outing at the seashore	在海边郊游
expand/ broaden one's horizon	扩大视野
develop an interest in collecting stamps	在集邮方面发展兴趣
an enjoyable experience	令人愉快的经历
be active in（doing）something	在（做）某事上很积极
be crazy about playing football	对踢足球着迷

三、Sentence bank on this topic

The extracurricular activity is a necessary part of the school lives.

课外活动是学校生活不可缺少的一部分。

In preparation for the festival, our class has decided to put on a short English play, and we're making steady progress with it.

为迎接这个节日，我们班决定演一个英语短剧，我们进展得很顺利。

In response to the Sunshine Sports Active launched by our school, we have organized long-distance running in the morning.

为了响应学校发起的阳光体育活动，我们早上组织了长跑活动。

He wants to apply for the job.

他想申请这份工作。

He applied himself to consulting the teacher about the application form.

他专心咨询老师申请表上的问题。

This rule can't be applied to every applicant.

这条规则并不适用于所有申请人。

I'd like to apply for the admission to the nursing course.

我想申请学习护理课程。

I do hope you can take my application into account.

我的确希望你会认真考虑我的申请。

She is a confident woman who is confident of success.

她是一位充满自信的女性，坚信一定会成功。

She owes thanks to her family and teachers whose help and encouragement make her more confident.

她感谢她的家人和老师，他们的鼓励和帮助让她更有信心。

When you feel confident, you can do as well as expected.

当你有信心时，你就能做得跟预期的一样好。

He was determined to devote his life to teaching.

他决心把毕生精力贡献给教育事业。

Determined to be admitted to a good university, now I put all my heart into the studies.

决定要考上好的大学，现在我所有的心思都放到功课上。

His experience tells me that it is not what you are given but how you make use of it that determines who you are.

他的经历告诉我，决定你是什么样的人的不是给予了你什么，而是你如何利用好它。

We have had a heated discussion about whether it is good or not for a top student to share a desk with a slower student.

安排座位时，是否让成绩好的学生和成绩差的学生同桌，大家就此展开热烈讨论。

Yesterday, our class discussed whether the students could bring mobile phones to school.

昨天我们班关于学生能否带手机到校进行了讨论。

By discussing, each team member can contribute ideas which you might not have thought of.

通过讨论，每个团队成员都可以贡献自己的想法，这些想法可能是你想不到的。

Team work offers a chance for you to discuss with others and learn from each other.

团队合作给你提供了相互讨论和相互学习的机会。

With cheers and applause like thunder, I was awarded the first prize.

在雷鸣般的欢呼声和掌声中，我被授予一等奖。

健康生活方式（Healthy life style）

话题要点：

（1）饮食健康：healthy eating

（2）运动健康：physical health

（3）身心健康：mental health

Topic1: 饮食健康

一、Word bank on this topic

（一）主食

main food, sandwich, grain, flour, dumpling, noodle, porridge, toast, hamburger, pizza, pasta, etc.

（二）甜点、小吃

biscuit, sweet, chocolate, ice-cream, cookie, candy, dessert, pie, popcorn, etc.

（三）肉食

chicken, beef, bacon, pork, steak, mutton, ham, sausage, etc.

（四）蔬果

vegetable, cucumber, cabbage, carrot, eggplant, mushroom, pea, onion, fruit, peach, banana, grape, pineapple, lemon, melon, watermelon, strawberry, walnut, etc.

（五）饮品

drink, alcohol, beer, wine, coffee, tea, juice, soup, soft drink, cocoa, coke, yogurt, milk, etc.

（六）调料

sugar, salt, vinegar, honey, oil, jam, butter, pepper, garlic, cheese, mustard, etc.

（七）餐具与厨具

bowl, plate, dish container, chopstick, spoon, knife, fork, cooker, stove, pan, pot, teapot, oven, etc.

（八）烹饪或食用方式

cook, heat, fry, season, steam, boil, cuisine, recipe, grill, roast, bake, stir, barbecue, etc.

（九）外出就餐

serve, supply, order, dinner, cafe, restaurant, menu, dine/eat out, cheers, dining hall, bakery, buffet, cafeteria, snack bar, etc.

（十）进食与感觉

feed, consume, suck, swallow, chew, digest, feel, look, smell, taste, tasty, tasteless, bitter, sweet, fresh, delicious, hunger, salty, sour, yummy, thirst, thirsty, starve, starvation, appetite, flavor, sip, spicy, nutrition, energy, slice, cater, rot, brunch, raw, vitamin, protein, etc.

（十一）点评食物

remark, complain, delicious, appetite, favorite, like, dislike, harmful, etc.

（十二）饮食与健康

diet, fit, balance, healthy, unhealthy, treat, overweight, symptom, nutrition, nutritious, painful, benefit, beneficial, burden strengthen, strength, strong, abnormal, acute, allergic, appetite, bacterium, refresh, poisonous, energetic, relieve, stress, pressure, recover, etc.

二、Phrase bank on this topic

traditional/balanced/healthy diet	传统/平衡/健康饮食
eat more fresh fruits and vegetables	多吃新鲜蔬菜水果
squeeze the orange	榨橘子汁
be rich/high in fiber	高纤维
be low/ high in fat	低/高脂肪
be particular about/over food	挑食
be/go on a diet	节食
cut down body fat	削减脂肪

eat snacks/fast food	吃零食/吃快餐
skip breakfast	不吃早餐
protective food	保健食品
take an order	点菜
serve us a delicious lunch	用一顿可口的午餐招待我们
be rich in...	富含……
take in nutrition	吸收营养
take-away food	外卖食品
attach importance to food quality	注重食品质量
pay more attention to your diet	更加注意你的饮食
proper diet	恰当的饮食
take three meals on time	按时吃三餐
eat much junk food	吃很多的垃圾食品
eat green food	吃绿色食品
to everyone's taste	适合每个人的口味
have an effect on your health	对你的健康有影响
do harm to your health	对你的健康有害
food poisoning	食物中毒
keep healthy/fit	保持健康
keep slim	保持身材苗条
build up my body/strength	增强我的体质
make us energetic	使我们精力充沛
lose weight/put on weight	减肥/增加体重
lose appetite for food	对食物失去胃口
suffer from starvation/hunger	挨饿
table manners	餐桌礼仪
break down	身体垮掉
go on a balanced diet	平衡饮食
keep a balanced/healthy diet	保持均衡/健康的饮食

develop healthy eating habits	养成健康饮食的习惯
get into the habit of getting up early	养成早起的习惯
get rid of those bad habits	改掉坏习惯
for the sake of	为了安全起见
dine out	出去吃
fast food	快餐
form a habit	养成习惯

三、Sentence bank on this topic

I attach much importance to a balanced diet. In other words, it is beneficial.

我重视平衡饮食，换句话说，它很有益。

An apple a day keeps the doctor away.

一日一苹果，医生远离我。

We should eat fresh vegetables and fruits everyday. They supply rich and necessary vitamins for us.

我们应该每天吃新鲜的蔬菜和水果，它们能给我们提供丰富且必需的维生素。

Only by developing healthy eating habits can we keep fit.

只有养成健康的饮食习惯，我们才能保持健康。

Having no breakfast will throw the normal work of our digestive system into confusion. As a result, it will do harm to our health.

不吃早餐会让我们的消化系统陷入混乱状态。这样一来，对我们的健康很不利。

Eating less junk food and having a balanced diet is the first step to keep healthy for most people.

对大多数人来说，想要保持健康的第一步是少吃垃圾食品，均衡饮食。

Nowadays, a growing number of young people would rather eat simple meals or fast food rather than go home for cooking or having meals.

现如今越来越多的年轻人喜欢在外面吃简餐或快餐，而不愿意回家煮饭、吃饭。

I don't agree to eat outside all the time, as what we eat is closely related to our health.

我不同意总是在外面吃，因为吃什么和我们的健康密切相关。

This is the matter that happened around me, which made me realize the seriousness of the food safety problem.

这是发生在我周围的事情，使我意识到食品安全问题的严重性。

As the problem of food safety has been becoming worse and worse nowadays, I am obliged to write to you.

由于现在的食品安全问题变得越来越严重，我不得不写信给你。

As far as I am concerned, we should develop healthy eating habits to build up our body. Only in this way can we have enough energy to study.

我认为，为了增强体质，我们应该养成健康的饮食习惯。只有这样我们才能有足够的精力学习。

四、Topic practice

（一）翻译句子

（1）他们不注重食品质量，这有可能导致食物中毒。（attach importance to，非限制性定语从句）

（2）不吃早餐对身体更加有害。（动名词的否定形式做主语）

（3）为了保持健康，我们应多吃新鲜蔬菜水果，同时进行有规律的运动。（so that）

（4）只有养成健康的饮食习惯，我们才能保持身体苗条。（only倒装句）

参考答案：

（1）They don't attach great importance to food quality, which may lead to food poisoning.

（2）Not having breakfast does more harm to health.

（3）We should eat more fresh fruits and vegetables and take regular exercise so that we can keep healthy.

（4）Only by developing healthy eating habits can we keep slim.

（二）语篇写作

假如你叫李华，是一位中学生。在听了关于健康饮食的讲座后，请你用英语给21st Century报社写一封信，反映你对当今学生饮食的看法。

（1）吃西餐多导致肥胖。

（2）大家对中餐和西式快餐的不同看法。

（3）你认为中餐更健康，说出你的理由。

注意：词数100左右。

参考范文：

Dear Editor,

Nowadays, more and more students are getting fond of western fast food. As a result, they take in too much sugar and fat, which does harm for their health.

There are various kinds of foods in the world. When comes to the topic "Which one is healthier, the Chinese food or the western fast food？" People differ in their attitudes towards it.

As far as I am concerned, Chinese food is healthier. For one thing, the Chinese food contains a lot of fruits and green vegetables. It is rich in fiber and low in sugar and fat. For another thing, the Chinese food is rather delicious and has many dishes, which provides us with nutrition we need. In conclusion, it is the healthiest food that we can keep fit and healthy.

Yours sincerely

Li Hua

Topic2: 运动健康

一、Word bank on this topic

（一）运动方式

run, jog, dance, walk, cycle, swim, yoga, pull-up, gymnastics, ski, skate, rock, climb, play basketball/table tennis/football/soccer/badminton, etc.

（二）运动参与者

player, competitor, coach, amateur, host/hostess, spectator, athlete, etc.

（三）运动后状态

energetic, vigorous, tired, exhausted, worn-out, refreshed, relaxed, etc.

二、Phrase bank on this topic

be involved with sports	参与运动
mass sports	群众运动
indoor/outdoor sports	室内/室外运动
sports/sporting activities	体育活动
sports center/complex	体育中心
sports field/ground	体育场
work out/take exercise	锻炼
take regular exercise	进行有规律的运动
take an active part in physical exercise	积极参加体育锻炼
physical exercises during breaks	休息期间的体育锻炼
sports meeting/athletic meeting	运动会
take part in outdoor activities	参加户外活动
take a proper lunch break	适当地午休
develop/form a habit of working out regularly	
培养定期锻炼的习惯	
be keen on outdoor activities	热爱户外运动
do morning/eye exercise	做早操/眼保健操
relieve the pressure of...	缓解……的压力
mental and physical health	身心健康
national fitness campaign	全民健身运动
challenge the limits	挑战极限

三、Sentence bank on this topic

Nowadays more and more people begin to realize the importance of taking physical exercise.

当今越来越多的人开始意识到体育锻炼的重要性。

In my opinion, doing sports is good for my health, with the advantage of strengthening my body and keeping the illness away.

我认为运动对我的健康有好处，不仅可以让我强身健体，还能让我远离疾病。

Regular exercise will improve blood circulation.

有规律的运动会促进血液循环。

As can be seen from the table above, more than 70% of the students have kicked the habit of smoking, and formed a quite good habit of taking exercise.

从上表可以看出，70%以上的学生已经戒掉了吸烟，并养成了良好的健身习惯。

In my opinion, students should spend more spare time on physical activities, which are beneficial to their growth and health

在我看来，学生应该抽出更多时间去锻炼，对他们的成长与健康很有好处。

Sports are perhaps the most popular form of relaxation that almost all can enjoy.

体育运动可能是几乎所有人都可以享受的最大众化的放松形式。

Taking exercise regularly can not only build up our body but also help us relieve the pressure from heavy work.

有规律的运动不仅可以强身健体，而且可以帮助我们缓解繁重工作带来的压力。

In recent years, Chinese people are more willing than before to take part in various games or sports to be bodily strong.Meanwhile, the government has been constructing more facilities available for more people.

近年来，中国人比之前更多地参与各式各样的健身运动。同时政府也开始修建更多的设施让大家进行锻炼。

101

Exercising every day is also essential for us to stay healthy. Of course we don't need to exhaust ourselves.We should plan our physical exercises according to our actual condition.

每天锻炼对于我们保持健康也是必不可少的。当然，我们并不需要筋疲力尽。要根据自身实际情况规划体育锻炼。

From the above we can draw a conclusion that a healthy body helps to improve the quality of our life.

根据以上情况我们可以得出结论：健康的身体有助于提高我们的生活质量。

It goes without saying that it pays to keep early hours.

毋庸置疑，早睡早起是有利的。

四、Topic practice

语篇写作：

星光中学近期举行了一次登山活动，假定你是学校英语报记者，请写一篇短文，报道此次活动。内容包括：

（1）时间与地点：4月10日，大清山。

（2）活动的过程。

（3）你对于这次活动的评价。

注意：词数120左右；可适当增加细节，以使行文连贯。

参考范文：

In order to encourage the students to take outdoor exercise, our school organized a mountain climbing on April 10. Hundreds of us took part in it.

It was a nice day. At 8 am, we gathered at the foot of Daqing mountain and set out for the top in high spirits. All the way we were chatting, singing and laughing, enjoying the fresh air and the beautiful scenery. When some fell behind, others would come and offer help. About 2 hours later, we all reached the top. Bathed in the sunshine, we jumped and cheered with joy.

The activity benefited us a lot, not only did it get us close to the nature and give us relaxation from heavy school work, it also strengthened friendship among us. What a wonderful time!

Topic3：身心健康

一、Word bank on this topic

（一）身体疾病

physical disease, unhealthy, syndrome blind, cancer, cold, cough, stomach, deaf, bacteria, fever, flu, headache, illness, sick, dizzy, sickness, overweight/fat, thin, obesity, near/short-sighted, stroke, disorder, wound, hurt, injure, scar, disabled, etc.

（二）心理疾病

mental disease, strain, stress, stressful, restrained, depressed, depression, anxious, anxiety, pressure, etc.

（三）医疗救治

treatment, hospital, clinic, pharmacy, cure, patient, doctor, surgeon, physician, dentist, check, diagnose, diagnosis, X-ray, operate, operation, drug, medical, medicine, prescription, pill /tablet, capsule, damage, protein, nutrition, build up, transplant, transplantation, immune, bandage, etc.

二、Phrase bank on this topic

physical and mental condition	生理和心理状况
suffer from a serious disease	患上重病
have a body check/physical examination	进行体检
have a running nose	流鼻涕
catch a cold	感冒
have a fever	发烧
stomach pains	肚子疼
get flu	患流感
take one's temperature	量体温

feel weak（well, terrible, sick）	感觉虚弱（健康/很糟/恶心）
recover from one's injury	受伤康复
take pills	服药
take the medicine	吃药
be addicted to drugs	吸毒成瘾
get into the habit of smoking	染上吸烟的习惯
be exposed to radiation	暴露在辐射环境下
do such great harm to health	对健康有害
study late into the night	学习到深夜
be stressed out	压力大
mentally unhealthy	心理不健康的，精神不健全的
feel stressed/depressed	感到紧张/沮丧
the negative effects of anxiety	焦虑的负面影响
relax oneself	自我放松
relieve pressure	缓解压力
relax my body	放松
cut down	减少
in relief	如释重负
be optimistic/ pessimistic about life	对生活乐观/悲观
face difficulties/setbacks with courage	勇敢面对困难/挫折
keep optimistic	保持乐观
keep positive attitude	保持正能量
do good to health	对身体有好处

三、Sentence bank on this topic

When it comes to health, what most people think of first is healthy body.

提到健康，大部分的人首先想到的是身体健康。

Early to bed and early to rise make a man healthy, wealthy and wise.

早睡早起使人健康、富有和聪明。

Proper diet, exercise, no smoking — these will help prevent heart and lung disease.

正确的饮食、锻炼、不吸烟，这些将帮助人们预防心脏病、肺病。

For us, keeping healthy is more important than anything else.

对我们来说，保持身体健康比任何事情都重要。

Due to high pressure of study in Senior Three, Mary used to study late into the night, which results in her getting flu.

由于高三学习任务重，玛丽经常学习到深夜，以致患上流感。

Mary felt that she might have had a fever, so the doctor took her temperature and asked her to take medicine on time.

玛丽觉得自己也许是发烧了，所以医生给她量了体温，嘱咐她按时服药。

A balanced diet and regular exercise can help us keep healthy both physically and mentally.

平衡的饮食和规律的锻炼可以帮助我们保持身心健康。

Obviously, keeping a positive attitude towards life is good for our health.

显而易见，保持积极的生活态度有利于我们的健康。

When setbacks happen, we should be brave and stay optimistic.

遇到挫折，我们应该保持勇敢乐观。

Seeing a movie, listening to music, and visiting a beautiful place are good ways to relive the pain.

看看电影，听听音乐，出去走走都是缓解痛苦的好办法。

In conclusion, the ten minute break is very important because it can make us refreshed in body and mind.

总而言之，课间休息10分钟很重要，可以使我们身心恢复活力。

四、Topic practice

（一）翻译句子

（1）不要养成吸烟的坏习惯，它对你的健康有害。（定语从句）

（2）每天做运动，你会变得越来越强壮。（祈使句+and＋陈述句）

（3）只要你养成良好的生活习惯，你会很快康复的。（as long as）

（4）对我们来说拥有健康的饮食习惯是很有必要的。（it 做形式主语）

（5）不同的人对食品安全有着不同的看法。

参考答案：

（1）Don't get into the bad habit of smoking, which is harmful to your health.

（2）Do exercise every day, and you will become stronger and stronger.

（3）As long as you form the good living habits, you'll recover soon.

（4）It is necessary for us to develop healthy eating habits.

（5）Different people hold different opinions about food safety.

（二）书面表达

典例1：假设你是学生李华，进入高三后你发现很多同学有为了学习不吃早饭、经常熬夜等不健康的学习生活方式。学校校报的英语专栏正在开展以"健康生活方式"为主题的英语征文活动，你打算投稿。请根据以下提示信息写一篇英语短文。指出现在部分高三同学不健康的学习生活方式；并结合实际从以下三方面提出具体健康生活方式：

（1）膳食。

（2）体育锻炼。

（3）人生态度。

注意：词数100个左右；可适当增加细节．以使行文连贯。

参考范文：

Recently I find that some classmates lead an unhealthy life, such as staying up late and skipping breakfast. Although we are under great pressure, it is necessary for us to live a healthy life. The following are some useful tips.

On the one hand, a balanced diet and breakfast should be put in the first place, because we consume much energy while studying. On the other hand, taking exercise regularly is of equal importance, which can make us keep fit and release pressure from heavy school work. What I want to stress is that we should develop a positive attitude. Because it can help us look at things positively no matter what happens.

From what we have discussed, proper food, regular exercise and a positive attitude can be beneficial to us during this bittersweet year.

典例2：假如你是光明中学高三的学生李华，你发现部分同学每次遇到重要考试，都会出现一些焦虑症状。请你用英语写一封信，向某英文报编辑反映该问题。信的内容应包括下列要点：

焦虑症状：头晕、乏力、睡眠不好、食欲不振等。

建议：

（1）考前制订好合适的复习计划。

（2）考试期间正常作息。

（3）睡前洗热水澡、喝热牛奶等有助于睡眠。

注意：根据以上内容写一篇短文，不要逐句翻译，可以适当增加细节，以使行文连贯；词数100左右；开头和结尾已给出，不计入总词数。

参考词汇：头晕dizzy（adj.）

参考范文：

Dear Editor,

I'm Li Hua of Senior Three, Guangming Middle School. I find most of us feel nervous whenever we're taking an important exam. Some will feel dizzy or tired; some will lose appetite and suffer from lack of sleep. All these symptoms have terrible effects on our exams.

From my point of view, first of all, we are supposed to put more emphasis on drawing up a proper plan to go over our studies. Besides, the normal daily routine should be followed during the examination. Finally, a warm bath and hot milk before going to sleep make contributions to a peaceful rest.

In a word, it's essential for us to reduce unnecessary anxiety and take a positive attitude to exams.

Yours sincerely

Li Hua

人与社会

热点话题（Topical issues）

话题要点：

（1）保护生态平衡：the ecological balance protection

（2）人口问题与农业发展：population problems and agricultural development

（3）医疗卫生与食品安全：health care and food security

Topic1: 生态平衡

一、Word bank on this topic

（一）环境污染

environment, pollute, pollution, pollutant, surroundings, ban, recycle, reuse, water pollution, air pollution, consumption, emission, reduce, ecosystem, affect, carbon dioxide, energy, threat, etc.

（二）动植物保护

reserve, protect, protection, engender, engendered, extinct, extinction, plant, animal, wildlife, growth, save, preserve, hunt, ban, advocate, prevent, etc.

（三）垃圾分类

waste, trash, litter, rubbish, garbage, sort, classification, dustbin, advantage, disadvantage, etc.

（四）保护生态平衡的意义

balanced, rewarding, benefit, meaningful, significant, significance, harmony, harmonious, renewable, peaceful, effect, reduce, decrease, survive, etc.

二、Phrase bank on this topic

environmental degradation	环境恶化
resources exhaustion	资源枯竭
greenhouse effects	温室效应
global warming	全球变暖
cut down trees	砍伐树木
conservation of water and soil	水土流失
endangered species	濒危物种
toxic emission	废气排放
secondary disaster	次生灾害
natural habitat	自然栖息地
natural reserve	自然保护区
bring the pollution under control	控制污染
take measures/action/steps	采取措施
protect...from	保护……免遭

preserve/protect（the ecological）environment

保护（生态）环境

raise people's awareness of environment protection

提高人们的环保意识

form good habits to protect the living surroundings

养成良好的习惯保护生存环境

ride bicycles to work	骑自行车上班
take public transport	乘坐公共交通
save energy/water	节约能源/水
don't litter/spit everywhere	不随地扔垃圾/吐痰
ban abusing plastic bags	禁止滥用塑料袋
ban smoking in public places	禁止在公共场合吸烟

reduce pollution	减少污染
care for trees and plants	爱护树木花草
forest coverage	森林覆盖率

take active measures to protect rare animals

采取积极措施保护稀有动物

save our sea	拯救我们的海洋
lead to（=result in）	导致
kitchen waste	厨余垃圾
recyclable waste	可回收垃圾
harmful waste	有害垃圾
untreated waste	未处理的废弃物
deal with rubbish properly	正确处理垃圾
sort the garbage	分类垃圾
recycle textbooks/trash	课本/垃圾回收利用
have a good/bad effect/influence on...	对……有好/坏的影响
be concerned about	担忧；关注
benefit from...	从……受益
live in harmony with...	与……和谐相处

only one earth, care and share

只有一个地球，一起关心，共同分享

promote the strategy of sustainable development

推行可持续发展战略

a severe winter	严冬
use up/run out of	用光，用尽
the global water shortage	全球水资源短缺
solar/nuclear	太阳能/核能
live/lead a low-carbon life	过低碳生活
alternative energy	替代能源
die out	灭绝

go from bad to worse	每况愈下
as a consequence	因此，结果
give out	发出，放出（热，光等）
keep the balance of...	保持……的平衡
to make matters worse	更糟糕的是
in decline	在下降
make a joint effort to do sth.	共同努力做某事
on the verge of extinction	濒临灭绝
natural enemy	天敌

三、Sentence bank on this topic

The terrible pollution has done great harm to us as well as to the surroundings.

可怕的污染已经给我们自己还有环境带来了很大的危害。

Coming to energy saving and greenhouse reductions, it happens that I have read a report on this topic in a newspaper. = Talking of energy saving and greenhouse reductions, I happen to have read a report on this topic in a newspaper.

谈到节能减排，我碰巧在一份报纸上看到有关这一话题的报道。

It's high time that we should protect our environment from being polluted.

我们是时候阻止环境污染了。

We've made great progress in solving the problem of air pollution recently.

近年来，我们在解决空气污染的问题上取得了巨大进步。

All animals and plants are important because each species contributes to the variety of life forms on earth and plays an important role in maintaining life.

所有的动植物都是重要的，因为每一种物种都有助于地球上生命种类的多样性的形成，在维持生命中起到了重要的作用。

One day if all animals disappear, the world we live in would come to an end.

有一天如果所有的动物都消失了，我们赖以生存的世界也就结束了。

In today's world, many species become extinct or are threatened with extinction because of humans.

在当今世界中许多物种灭绝了，或者因为人类而面临灭绝的危险。

The message we would like to publicize through this program is if we don't act early, future generations will only see wildlife in films or on posters.

通过这个方案我们要宣扬的是，如果我们不及早行动起来，后代就只能在电影或海报上看到野生生物了。

Better living conditions can really be reached on condition that the environment is well protected.

只有保护好环境，我们才能真正拥有好的生活条件。

Protecting our environment and serving a healthy environment for future generations go hand in hand with Chinese culture.

保护环境并为子孙后代留下健康的环境，与中国文化密切相关。

Let's make our joint efforts to create a green and harmony environment.

让我们为创造一个绿色和谐的环境共同努力。

Furthermore, wherever we go today, we can find rubbish carelessly disposed.

另外，无论我们走到哪里，到处可见随意丢弃的垃圾。

The earth is our home and we have the duty to take care of it for ourselves and for our later generations.

地球是我们的家园，我们有责任为我们自己和后代去照顾好它。

I hope the problem will be solved in the near future and our home will become better and better.

我希望这些问题在不远的将来能得到解决，我们的家园变得越来越好。

Once a car started, it release huge amount of dirty gas and heat, which lead to great pollution and result in green house effect.

汽车一旦发动，它会排放出大量的废气与热量，这些会导致严重的污染和温室效应。

All in all, Chinese people should take public transportation into consideration first.

总之，中国人应该优先考虑乘坐公共交通。

Elephants would be in danger of dying out if men were allowed to shoot then as many as they wished.

如果允许人们随心所欲地射杀大象，大象就会有灭绝的危险。

We are very proud of ourselves, believing we can make more contributions to a better world.

我们为自己感到自豪，相信我们会为更美好的世界做出更多的贡献。

Topic2: 人口与农业

一、Word bank on this topic

（一）人口问题

population, increase, decrease, development, growth, focus, burden, etc.

（二）农业生产

crop, agriculture, growth, input, output, product, production, waste, grow, irrigate, irrigation, sow, seed, plough, fertilizer, reduce, supply, etc.

二、Phrase bank on this topic

mobile population	流动人口
rural left-behind population	农村留守人口
aging of population	人口老龄化
mean age at death	平均死亡年龄
average length of life	平均寿命
natural growth	人口自然增长
control the population growth	控制人口增长
the major issue	主要问题
two-child policy	二孩政策
meet the needs of the people	满足人们的需要
rid of hunger	摆脱饥饿
die of starvation	死于饥饿
farming method	耕作方法
make it possible to do...	使……成为可能

make a difference	做出改变
food supply	食物供应
agricultural pioneer	农业先锋
search for a way	寻找一种方法
with the hope of...	怀着……的希望
twice as much as...	是……的两倍

三、Sentence bank on this topic

Agricultural scientists try to search for a way to increase rice harvest without expanding the area of the fields.

农业科学家们尝试寻求一种不增加土地面积而增收稻谷产量的途径。

Using hybrid rice, farmers are producing harvests twice as large as before.

使用杂交水稻种子，农民们种出的粮食是以前的两倍。

The increased harvests mean that 22% of the world's people are fed from just 7% of the farmland in China.

粮食产量的增加意味着中国仅仅用7%的土地养活了世界上22%的人口。

The chemical stay inside the crops for a long time, which can lead to illness, even cancer.

化学物质停留在农作物内很长一段时间能够导致疾病，甚至是癌症。

These many different organic farming methods have the same goal: to grow good food and avoid damaging the environment or people's health.

这些不同的有机耕作方法有着相同的目标：种植好的粮食，避免污染环境或损害人们的健康。

Topic3: 医疗卫生与食品安全

一、Word bank on this topic

（一）疾病

fever, cough, headache, lung infection, runny nose, sore throat, shortness of breath, diabetes, cancer, heart disease, choke, etc.

（二）病毒

COVID-19, Ebola, Flu, H1N1, SARS, HIV, etc.

（三）预防与治疗

treatment, isolation, first aid, medicine, operation, symptom, ambulance, temperature, injury, bleed, blood, etc.

（四）食品安全

safety, security, quality, manufacture, add, etc.

二、Phrase bank on this topic

fall ill/suffer from illnesses	患病
result in/bring about	导致
have a stomachache	胃/肚子痛
turn to/ask a doctor for help	向医生寻求帮助
break down	（身体）垮掉
take the medicine	吃药
stop the bleeding	止血
get injured	受伤
be in hospital	住院
operate on sb.	给某人做手术
medical care	医疗护理
joint efforts	共同努力
free medical care	免费医疗
optimistic thinking	乐观的心态
deal better with pain	战胜病痛
be of much help to...	有助于……
escape from death	脱离生命危险
come to one's life	苏醒
take some medicine	服药
immune system	免疫系统

viral vaccine	病毒疫苗
western and traditional Chinese medicine	中西医
wear face masks	戴口罩
wash hands frequently	勤洗手
stay out of public places	远离公共场所
minimize population movements	减少人口流动
strengthen immune system	增强免疫系统
observe regulations	遵守规则
unite to battle against the virus	联合抗击病毒
no prejudice against those infected	不歧视被感染者
protect wild animals	保护野生动物
guarantee the safety of food	保障食品安全
fake food	伪劣食品
illegal businessman	不法商家
return to normal	恢复正常
live...through	经历……而幸存
take emergency action	采取紧急措施
endanger the lives of...	危及……的生命

三、Sentence bank on this topic

Not only did he immediately call the ambulance, but also carried them quickly to the hospital.

他不但马上叫来了救护车，而且快速地送他们去了医院。

She was advised to take the medicine every four hours.

有人劝说她应该四小时服一次药。

In the last decades, it is advances in medical technology that have made it possible for people to live longer than in the past.

在过去的几十年间，是医疗技术的进步使得人们比过去活的时间更长成为可能。

Scientists in Australia are also working on vaccine candidates to stop the spread of the disease.

澳大利亚的科学家也正在研究备选疫苗，以阻断疫情传播。

Food safety, related to the people's health, safety and healthy development of economy, is the major issue of national stability and social development.

食品安全，关乎人民健康、安全以及经济的健康发展，是国家稳定与社会发展的主要问题。

There are the following main issues in food security: using poor quality raw materials in the food manufacturing process, adding toxic substances, excessive use of food additives, abusing of chemical additives and so on.

关于食品安全有以下问题：食品加工过程当中使用劣质原材料，添加有毒物质，过量使用食品添加剂，滥用化学添加剂等。

The issue of unsafe food has aroused public concern and caused a heated discussion.

食物不安全事件引发了公众的关注和激烈的讨论。

The local government needs to strengthen the management and raise the awareness of food safety among all the citizens.

当地政府需要加强管理并提高市民的食品安全意识。

人际关系（Interpersonal relationships）

话题要点：

（1）周围的人：people（parent, brother, sister, other family members, friend, neighbor, teacher, etc.）

（2）社会行为：（greeting, introducing, giving thanks, asking for permission, asking for help, solving problems, dealing with conflicts, etc.）

（3）聚会活动：getting together（making arrangements, time, date, place, event, etc.）

Topic: 社会行为

一、Word bank on this topic

（一）问候与介绍

introduce, greet, recommend, recommendation, etc.

（二）感谢

thank, thankful, grateful, appreciate, owe, appreciation, etc.

（三）道歉与原谅

apology, apologize, excuse, forgive, pardon, regret, etc.

（四）祝愿与祝贺

celebrate, congratulate, congratulation, wish, hope, bless, etc.

（五）打电话

phone, busy, dial, answer, message, etc.

（六）约会

date, appointment, cancel, chat, communicate, etc.

（七）帮助

aid, assist, assistance, help, etc.

（八）允许

allow, permit, admit, permission, etc.

（九）拒绝

refuse, refusal, reject, rejection, decline, etc.

（十）要求与命令

require, requirement, command, request, demand, claim, insist, etc.

（十一）警告与禁止

forbid, prohibit, remind, caution

（十二）劝告与建议

advise, advice, suggestion, suggest, persuade, persuasion, propose, proposal, urge, etc.

二、Phrase bank on this topic

（一）见面与问候

introduce sb. to sb.	把某人介绍给某人
make an self-introduction to me	做自我介绍
be pleased/honor to meet sb.	很高兴/荣幸遇见某人
remember me to your parents	代我向你的父母问好

give/send my best regards/wishes to your family

代我向您的家人问好

（二）送别、祝愿与期望

say goodbye to sb.	和某人告别
see sb. off	为某人送行
get separated	分开
good luck	祝你好运
wish sb. a safe return	祝某人一路顺风

（三）帮助与感谢

help sb. out	帮助某人
do sb. a favor	帮某人一个忙
turn to sb. for help	向某人求助
with the help of sb.	在某人的帮助下
consult sb.	咨询某人
be grateful to him for his help	因他的帮助而感激他
express my gratitude to sb.	向某人表达我的感激之情
appreciate it if...	如果……将感激不尽

（四）抱怨与道歉

be disappointed with...	对……感到失望
can't stand/tolerate/put up with...	不能忍受……
affect people's normal life and study	影响人们的正常生活与学习
a lack of understanding	缺乏理解

lack patience	缺乏耐心
apology to sb. for...	因……向某人道歉
make an apology to sb. for	因……向某人道歉
complain about...	抱怨……

（五）计划与安排

decide/be determined to do sth.	决定做某事
mean/plan/intend to do sth.	计划做某事
long/hope/wish/want to do sth.	渴望/希望/想做某事
feel like doing sth.	想要做某事
look forward to doing sth.	期望做某事
be eager/anxious/dying for...	渴望……
have a desire to do sth.	渴望做某事
be prepared to do sth.	准备做某事
come up with a general plan	提出一个总体规划
make a detailed and practical plan	制订一个详细可行的计划
manage time properly	合理利用时间
work as a volunteer	做一名志愿者
have a picnic on the weekend	周末去野餐
call off the trip	取消旅行

（六）观点与态度

as far as I am concerned	就我而言；依我之见
be proud of...	为……感到骄傲
be satisfied with...	对……感到满意
approve of my idea	同意我的想法
in favor of his suggestion	支持他的建议
disagree with sb.	不同意某人
argue with sb.	和某人争论
be in disagreement with his parents	和他的父母有分歧
rely on others	依赖别人

be in conflict with each other   互相矛盾

be concerned about/care for/show concern for

关心

be fed up with   厌倦

blame him for （making） the mistakes

因犯错而责备他

blame the mistakes on him   把错误归咎于他

be to blame （for the accident）   应（对事故）承担责任；该受责备

accept/bear/take the blame for the accident

对事故负责；承担责任

put/lay the blame for the accident on him

把事故责任推到他身上

take...into consideration   把……考虑在内

come to realize the importance of...   开始意识到……的重要性

have words with sb.   与某人说话

put oneself in sb.'s shoes   设身处地

without prejudice   没有偏见

（七）意义与影响

be of great importance   很重要

trust each other   彼此信任

have an effect / influence / impact on his life

对他的生活有影响

form a close friendship with his friend 与他的朋友建立亲密友谊

promote/strengthen friendship   增进友谊

promote understanding   增进了解

broaden our horizons   拓宽我们的视野

treasure his friendship   珍惜他的情谊

share my life with sb.   和某人分享生活

share sorrow and happiness with sb.   与某人同甘共苦

learn from each other	相互学习
with his help / encouragement / support	在有他的帮助/鼓励/支持下
get through a difficult period of time	度过一段艰难的时光
improve the relationship	改善关系
bring happiness to...	给……带来欢乐
have something in common	有共同之处
share feelings and ideas with friends	与朋友分享情感和方法
have a misunderstanding of...	误解……

三、Sentence bank on this topic

（一）见面与问候

I am very glad to have the chance to talk about the topic.

我很高兴有这个机会来谈谈这个话题。

I'm delighted to know that you are interested in Tang poems.

得知你对唐诗很感兴趣，我特别高兴。

（二）送别、祝愿与期望

Realizing the benefits and importance of this activity, I have a strong desire to participate in it.

意识到本次活动的益处和重要性，我强烈希望参与其中。

On behalf of my classmates, I wish you have a safe return.

我代表我同班同学，祝您一路平安。

Please allow me to express my heartfelt congratulations on your admission to the famous university which you told me in the recent letter.

从最近信中得知你被一所著名大学录取，请允许我表达对你衷心的祝贺。

Could you give me some advice which will be of great value?

你能给我一些有价值的建议吗？

I sincerely hope you can accept my application.

我真诚地希望你能接受我的申请。

（三）帮助与感谢

I owe my parents a lot.

我非常感激我的父母。

It was your help and kindness that made my study and life in the UK special and enjoyable.

正是你的帮助和关怀让我在英国的学习和生活既特别又快乐。

I highly appreciate her kind consideration, especially during stressful days.

我非常感谢她的体贴，特别是在有压力的日子里。

I'd appreciate it so much if you could possibly consider my application.

如果你能考虑我的申请我将感激不尽。

Nothing is more gratifying to me than your reply.

没有什么比你的答复更令我感激。

She feels grateful to hear that she will be helped.

听到有人帮忙，她感到很开心。

I would be grateful if you would help me.

如予帮助，无限感激。

I have no words to express my gratitude.

无法用语言来表达我的感激之情。

I was deeply touched and grateful after I knew what my teacher had done for me.

当我了解了老师为我所做的一切后，我非常感动和感激。

（四）抱怨与道歉

I can well remember there was a time when I felt upset and lost heart in study.

我清楚记得曾经有一段时间感到很心烦，对学习失去信心。

The complexities of interpersonal relationships bothered her.

人际关系的复杂情况使她困惑不已。

I'm sorry to have quarreled with you about knocking you down the day before yesterday. I feel that it's not necessary for me to do that, so I make a sincere apology to you and hope that you will forgive me.

非常抱歉前天因撞倒你而与你吵架。我真的没必要那样做，因此向你真诚地道歉并希望你原谅我。

（五）计划与安排

I want to register to attend a course about gardening because I have liked flowers and grass since I was a child.

我想报名参加园艺课程，因为我从小就喜欢花和草。

I'm determined to be a doctor. Not only can doctors save people's lives but also they are do a respectable job. Doctors can also help people to live a better life with their professional knowledge.

我决心成为一名医生。医生不仅能挽救人们的生命，而且他们做的是一份受人尊敬的工作。医生也可以用他们的专业知识来帮助人们过更好的生活。

If you do not have any prior appointment on June 1, we look forward to the pleasure of your company.

如果6月1日您事先没有别的预约，我们期盼与您共度美好时光。

I will make a 10 day tour of America after my graduation from senior high school this summer, which will be a good chance for me to experience American culture and practice my oral English.

今年夏天高中毕业后，我将去美国进行为期10天的观光旅游，这将是一次体验美国文化、练习英语口语的好机会。

（六）观点与态度

I'm convinced that eating together with our family is the perfect time for us to communicate with our parents.

我认为和家人一起吃饭是我们与父母交流的最佳时间。

According to my personal experience, smile has done me a lot of good.

根据我个人经验，微笑带给我很多好处。

A good relationship between teachers and students is of great importance for our studies.

良好的师生关系对我们的学习很重要。

As far as I'm concerned, to build a good relationship, we should trust each other first.

就我个人而言，要建立良好的关系，我们首先应该彼此信任。

I hope we can keep in touch so that we can communicate with each other to know more about the Chinese and British culture.

我希望我们之间能保持联系，这样我们就可以相互交流，从而了解更多的中国和英国的文化。

That's why I'd like very much to take this opportunity and make the most of my special talents and interests. In addition, voluntary work can help me build confidence and develop good communication skills.

那就是我为什么非常想要抓住这个机会并且充分利用我的特殊才能和兴趣。另外，志愿工作能帮助我建立自信、培养良好的交际技能。

By helping those kids, I feel I can make a big difference to their future and make a small contribution to society.

通过帮助那些孩子，我觉得我能对他们的未来有很大的影响，对社会有小小的贡献。

Don't put the blame your failure on your teacher.

不要把失败归咎于老师。

You should bear the blame for your failure.

你该承担失败的责任。

I strongly believe that it will be of great use to build a peaceful and wonderful world.

我强烈认为这个对我们建立一个和平而美好的世界极有帮助。

（七）个人优势

I can communicate with foreigners fluently in English.

我能用英语流利地和外国人交流。

I have a good command of English and can get along well with others.

我精通英语并能与人友好相处。

（八）意义与影响

With their help, I tried my best to study hard and succeeded in entering a key university.

在他们的帮助下，我努力学习，成功被一所重点大学录取。

With the encouragement and support of my father, I have overcome many difficulties in our life.

在父亲的鼓励和支持下，我克服了生活中的许多困难。

There is a person who plays an important role in my life, which is beyond my description.

有一个人在我的生命里扮演着重要的角色，这是我无法用语言描述的。

节假日和社会实践活动
（Festivals and practice in festivals and holidays）

话题要点：

（1）传统节日：cultural festivals（the Spring Festival, New Year's Day, etc.）

（2）西方节日：Western holidays（Christmas, Easter, etc）

（3）私人庆祝：personal celebration（birthday, anniversary, graduation, etc.）

（4）节假日社会实践：practice in festivals and holidays

Topic1： 传统文化节日及其他

一、Word bank on this topic

（一）节日背景

ancient, originate, origin, harvest, honor, admire, memory, memorize, celebrate, celebration, encourage, legend, history, historical, heroic, hero, monument, ancestor, reunite, story, background, custom, etc.

（二）节日活动

dragon-boat, drum, appreciate, sacrifice, worship, gift, wander, parade, entertain, stage, performance, guest, conference, bonus, card, wish, blessing, movement, achievement, sweep, grave, kite, sightseeing, light, lamp, riddles, ceremony, cheer, gather, permission, prepare, treat, treatment, amusement, amuse, balloon, candle, decorate, decoration, feast, firework, firecracker, flame, lantern, programme, reputation, concert, party, collect, magic, fortune, etc.

（三）节日感受

assume, consider, reconsider, enjoy, experience, view, feeling, atmosphere, remind, impress, impression, stimulate, strengthen, understanding, cheerful, remarkable, memorable, imaginative, unforgettable, enjoyable, interesting, impressive, splendid, grand, wonderful, colorful, brilliant, outstanding, sincere, appreciation, etc.

二、Phrase bank on this topic

（一）中国节日

New Year's Day	元旦
the Spring Festival	春节
the Lantern Festival	元宵节
Women's Day	妇女节
Tomb-sweeping Day	清明节
International Labor Day	五一国际劳动节
the Dragon Boat Festival	端午节
Children's Day	儿童节
Teachers' Day	教师节
National Day	国庆节
The Mid-Autumn Festival	中秋节
Double Ninth Festival	重阳节

（二）西方节日

Valentine's Day	情人节
April Fool's Day	愚人节
Mother's Day	母亲节
Father's day	父亲节
All Saints' Day	万圣节

Easter Day	复活节
Thanksgiving Day	感恩节
Christmas Day	圣诞节

（三）其他节日

Earth Day	地球日
World Non-smoking Day	世界无烟日
April Fools' Day	愚人节
World Consumer Right Day	世界消费者权益日
World Intellectual Property Day	世界知识产权日
International Environmental Day	世界环境日
World Population Day	世界人口日

（四）节日时间

be celebrated on September 10th　　　　在9月10日被庆祝

celebrate the festival for hundreds of years

庆祝这个节日几百年了

on the first/second/...day of the first/second/...month of the lunar/solar calendar

在阴历/阳历的1月/2月/……1日/2日……

last（for）fifteen days on end	持续15天
fall on	（某节）是在（某月某日），适逢
date back to/from the 13th century	追溯到13世纪
originate from South Africa	起源于南非

（五）节日活动

decorate the room with balloons	用气球装饰房间
be crowded with people	挤满了人
wear masks	戴面具
dress up	打扮
make up	化妆
have fun	玩得开心
visit our relatives or friends	走亲访友

play a trick/joke on others	开别人的玩笑
observe/ follow the customs	遵守风俗
decorate a Christmas tree with colored lights	

用彩色灯装饰圣诞树

hold dragon boat races	举行龙舟赛
stand for/symbolize happiness	象征幸福
a mark of respect	尊敬的表示
be dressed up as...	装扮成……
a magnificent costume	华丽的服装
wear new clothes	穿上新衣服
eat *zongzi*	吃粽子
exchange gifts	交换礼物
enjoy the full moon/ admire the moon	赏月
propose a toast	敬酒，举杯
set off fireworks	放烟花
watch the national flag go up	观看升国旗
tidy/clean up	整理，打扫卫生
family reunion dinner	团圆饭，年夜饭
be reunited with her children	和孩子团聚
receive lucky money	收压岁钱

（六）节日意义

family reunion	家庭团聚
a chance to gather together	聚集在一起的机会
gain some experience	获得经验
remind me of/about my childhood	使我想起我的童年
remind him to go back home	提醒他回家
in honor of Qu Yuan	为了纪念屈原

三、Sentence bank on this topic

People are setting off fireworks in celebration of the Spring Festival.

人们放烟花庆祝春节。

Almost all the families will gather together to make and enjoy dumplings which are the most traditional Spring Festival food.

几乎所有的家庭都会欢聚一堂，一起包饺子、吃饺子。饺子是最传统的春节食物。

Burning fireworks was the most typical tradition on the Spring Festival.

燃放烟花爆竹是春节最典型的习俗。

It becomes a Chinese custom for many families to watch the CCTV the Spring Festival Gala while having their dinner.

吃年夜饭、看春晚已经成为很多中国家庭的习俗。

Before the Spring Festival, every family would clean their houses from top to bottom.

春节前，家家户户都会彻底打扫房屋。

During the Spring Festival, red lanterns and Spring Festival couplets are used to decorate a house, presenting a festive atmosphere.

在春节期间，人们用红灯笼和春联装饰房子，呈现出节日的气氛。

The Mid-autumn Festival, which is one of the most important traditional festivals in China, falls on August 15th of the Lunar calendar every year.

中秋节是每年的农历八月十五日，是中国最重要的传统节日之一。

It is a custom to celebrate the Mid-autumn Festival with our family .

与家人一起过中秋节是一种习俗。

Singing and dancing, people celebrate the National Day.

人们载歌载舞，庆祝国庆节。

Thanksgiving Day is coming.

感恩节快到了。

People are celebrating Christmas with delight.

人们正在欢快地庆祝圣诞节。

Teachers' Day falls on Monday this year.

今年教师节适逢星期一。

As Teachers' Day is drawing near, some of my classmates and I had a group meeting, where we had a heated discussion on how to celebrate it.

随着教师节的临近，我和班里一些同学开了个小组会议，就如何庆祝教师节进行了热烈的讨论。

With the bright moon up in the sky, we sit together and eat moon cakes and fruits, sharing our stories.

皓月当空，我们围坐在一起，吃着月饼和水果，分享往日趣事。

On the one hand, they can sweep the tombs for the dead. On the other hand, they can go for a walk in the country in spring when the grass has just turned green.

一方面，人们可以为逝者扫墓。另一方面，也可以去乡间踏青。

The children are looking forward to receiving lucky money, playing happily with each other, and setting off fireworks excitedly.

孩子们盼望着收到压岁钱，一边高兴地玩耍，一边开心地放着烟花。

四、Topic practice

（一）翻译句子

（1）龙舟赛，起初为了纪念伟大的诗人屈原而举行，现在已经成为一个惯例，发展成一种运动。（过去分词短语作后置定语，in memory of）

（2）我相信使这个节日成为一个法定假日是个好主意，因为它是我们传统文化的一部分。（it代替动词不定式作形式主语）

（3）中秋节是中国的一个传统节日，目的是庆祝收获，欣赏明月。（过去分词短语作后置定语，aimed at）

（4）今天，很多人庆祝圣诞节，好像它只是一个和家人玩得开心的假日，而不是一个关于信仰的节日。（as if/though，虚拟语气）

（5）在春节期间吃饺子是中国的传统。（it代替动词不定式作形式主语）

译文：

（1）The dragon boat race, originally held in memory of the great poet Qu Yuan, has now become a common practice and developed into a sport.

（2）I believe it is a good idea to make this festival a legal holiday since it is part of our traditional culture.

（3）The Mid-Autumn Festival is a Chinese traditional festival aimed at celebrating the harvest and enjoying the full moon.

（4）Today, many people celebrate Christmas as though it were just a holiday to have a good time with family, rather than a festival about a belief.

（5）It is China's tradition to eat dumplings during the Spring Festival.

（二）语篇写作

假定你是李华，想邀请外教Peter参加学生会举办的端午节庆祝活动。请给他写封邮件。内容包括：

（1）简要介绍端午节。

（2）活动时间、地点和相关内容。

注意：词数100个左右；可以适当增加细节，以使行文连贯；端午节（the Dragon Boat Festival）

参考范文：

Dear Peter,

I'm Li Hua, president of the Student Union. I'm writing to invite you to our Dragon Boat Festival celebration, which is to be held in the Lecture Hall at 14：00 next Monday.

The Dragon Boat Festival is a traditional Chinese festival, with a history of more than 2000 years. It is set in honor of a distinguished Chinese poet Qu Yuan, who has a reputation for his patriotism and contributions to classical poetry.

In the celebration, you can enjoy a performance and watch live broadcast of dragon boat racing.

In the meanwhile, varieties of *Zongzi*, an essential food for this unique occasion, are available, which take different shapes and various fillings.

Come and join us！ I have the confidence that you will have a great time here！
Your early reply is highly appreciated！

Yours

Li Hua

Topic2： 私人庆祝

一、Word bank on this topic

（一）假日

annual, activity, tradition, invitation, national, festival, custom, event, ceremony, anniversary, wedding, volunteer, atmosphere, approach, wonderful, enjoyable, colorful, treat, treatments, birthday, weekends, congratulate, congratulation, performance, holiday, vacation, etc.

（二）活动

gather, prepare（preparation）, decorate, decoration, present, arrange, arrangement, gift, schedule, celebrate（celebration）, picnic, feast, sightseeing, etc.

二、Phrase bank on this topic

be on holiday/vacation	在度假
go on holiday/take a vacation	去度假
day and night	日夜，昼夜，整天
get /gather together	团聚，聚集
on special occasions	在特殊场合
up to now	直到现在
a three-day vacation	三天的假期
a family reunion	家人团聚
be supposed to get together with families	
应该和家人团聚	
congratulate you on your success	祝贺你的成功

exchange gifts	交换礼物
put on performances	表演节目
play a joke on friends/make fun of friends	
开朋友的玩笑	
have fun with my families	和家人玩得开心
attend a ceremony	出席仪式
celebrate the anniversary	庆祝周年纪念日
an anniversary gift	周年纪念礼物
a wedding anniversary	结婚周年纪念
birthday party	生日聚会
farewell party	欢送派对

三、Sentence bank on this topic

We held a party to celebrate our success.

我们举行宴会庆祝我们的成功。

Birthdays are celebrated all over the world.

世界各地的人都庆祝生日。

Some ways to celebrate birthdays are rather similar from family to family.

一些家庭庆祝生日的方式非常相似。

In China, the celebration of birthdays is a custom, especially for the old and children.

在中国，庆祝生日是一种习俗，尤其为老人和孩子庆生。

People get together in family, they eat the birthday cake, singing songs and dancing happily. Besides, they give the birthday's presents and blessings to each other.

人们和家人相聚，吃生日蛋糕，愉快地唱歌跳舞，而且互相送生日礼物和祝福。

四、Topic practice

（一）翻译句子

（1）我们不但应该在节日期间和家人度过一段时间，而且需要把我们的文化传统记在心里。（Not only...but also 倒装句，keep...in mind）

（2）只有在这个场合我们才能忘记繁忙的工作和生活，和家人待在一起赏月、吃月饼。（Only +介词短语置于句首倒装，现在分词作伴随状语）

（3）通常，无论我们离家多远，无论我们多忙，我们都要设法回去庆祝。（no matter how 引导让步状语从句）

（4）我们燃放烟花，这增加了节日的气氛。（set off， add to， 非限定性定语从句）

（5）这是一段人们打扫房子为即将到来的节日做准备的时间。（定语从句， in preparation for）

参考译文：

（1）Not only should we spend time with our family during festivals but also need to keep our cultural traditions in mind.

（2）Only on this occasion can we be free from our busy work and life, staying with family members and enjoying the moon as well as eating moon cakes.

（3）Usually, no matter how far away from our home or how busy we are, we will manage to get back for the celebration.

（4）We set off firecrackers, which adds to the atmosphere of the festival.

（5）This is a time when people clean up their houses in preparation for the coming festival.

（二）语篇写作

假定你是李华，教师节那天你们班组织了一次活动，和英语老师李老师一起庆祝教师节。请根据写作要点，为校刊"英语角"版面写一篇短文。

写作要点：

（1）活动的策划。

（2）教室的布置。

（3）活动的内容。

（3）你的感想。

注意：短文词数不少于100个；开头部分已写好，不计入总词数；可根据情况增减细节，详略得当；不能使用真实姓名和学校名称。

Ms. Li, our English teacher, must have found it strange on Teachers' Day： she did not receive a single greeting card from us students. She would have never thought a complete surprise was waiting for her.

_____

_____

_____

_____

参考范文：

Ms Li, our English teacher, must have found it strange on Teachers' Day： she did not receive a single greeting card from us students. She would have never thought a complete surprise was waiting for her.

With Teachers' Day approaching, a party was held which was to celebrate the important day in a special way this year. Here are some details about this party.

First of all, on the afternoon of September 10, some of us decorated our classroom with colorful paper flowers and balloons, and others went to buy cakes, drinks and fruits, which adds to the atmosphere of the day. Entering the classroom, Ms Li was astonished to find we were standing in line, clapping hands and saying loudly "Happy Teachers' Day！" After that, our monitor presented her with the prepared flowers. Some of the girls sang songs for Ms Li, and some boys showed their Gongfu talent. Before we left, we enjoyed a new English song by Ms Li.

Ms Li spent a wonderful time with us, but we know that we cannot thank her enough for all her hard work and guidance.

Topic3: 社会实践活动

一、Word bank on this topic

（一）志愿活动

volunteer（voluntary）, contribute（contribution）, appeal, attend, intend, available, protect, invite, environment, measure, encourage, demand, challenge, cheer, recommend, active, activity, effort, adapt, dream, require, benefit, communicate, honor, patient, perform, significant, donate, donation, etc.

（二）日常活动

trip, ride, fishing, diving, sailing, breathe, sunbathe, view, relax, nature, refresh, explore, teach, method, example, reflect, attention, focus, concentrate, progress, prepare, break, effort, hurry, achieve, aim, positive, attitude, recreate, entertain, entertainment, leisure, television, games, visit, tour, problem, trouble, accumulate, etc.

二、Phrase bank on this topic

（一）志愿服务

raise money for charity	为慈善事业募集资金
nursing home	养老院
get actively involved in voluntary activities	
积极参与志愿活动	
apply for the position of a volunteer	申请志愿者岗位
give/ lend a helping hand	伸出援手
make a difference	有影响，起作用
in return（for something...）	作为（对……的）回报
serve the people heart and soul	全心全意为人民服务

（二）日常活动安排

play chess/football（soccer）/basketball
下象棋/踢足球/打篮球

go swimming	去游泳
have a dance on weekends	周末参加舞会
go to the cinema	去看电影
play the guitar/piano/violin	弹吉他/钢琴/小提琴

play music/classic music/folk music/jazz music

演奏音乐/古典音乐/民间音乐/爵士乐

go to/attend a concert	听音乐会
attend a sports meeting	参加运动会

（三）旅游活动

organize an activity	组织活动
travel agency	旅行社
tourist attraction	旅游景点
places of interest	名胜
scenic spots	景点
have an outing at（the seashore）	去（海边）度假
go for a hiking	去远足
a self-driving trip	自驾游
see the sights of Shanghai	去上海观光
get close to nature	走近大自然
have a picnic on the weekend	周末去野餐
take photos of animals	拍动物照片
enjoy a family trip	享受一次家庭旅游
show sincere concern for...	真诚关心……

三、Sentence bank on this topic

（一）公益事业与志愿活动

Besides, my previous working experience as a volunteer will qualify me for the position.

此外，以前做志愿者的工作经验使我能够胜任这个职务。

Moreover, I get along with others easily, which is especially necessary for a volunteer.

此外，我性格随和容易相处，这对志愿者来说是必不可少的。

Let's make our joint efforts to create a green and harmonious environment.

让我们为创造一个绿色和谐的环境共同努力。

Hardly had we got to the destination when we did some volunteer work there.

我们一到达目的地就开始做志愿者工作。

When you intend to become a volunteer, ask yourself whether you are really ready or not.

当你打算成为一名志愿者时，问问你自己是否真的准备好了。

As far as I am concerned, being a volunteer is never easy. It requires us not only to put a large amount of time and energy into a particular thing or group of people, but also to conduct ourselves all the time.

在我看来，成为志愿者并不容易，它不仅需要我们为一件事或一群人投入大量的时间和精力，还需要我们始终注意自己的表现。

（二）日常活动

Thanks to the tour, not only have we improved our speaking skills, but we've got a better understanding of British culture.

多亏了这次旅行，我们不仅提高了语言技能，而且也对英国文化有了更深入的了解。

In addition, it does benefit you if you participate in a variety of activities.

此外，参加各种各样活动对你确实有益。

How to spend the leisure time has become a hot topic.

如何度过空闲时间已经成为一个热点话题。

Some students participate in sports, voluntary work while others like parties, traveling, or reading.

一些学生参加体育运动、志愿者工作，而另一些学生则喜欢派对、旅行或者读书。

The good use of free time will make life rich, colorful and meaningful.

利用好空闲时间会使我们的生活变得丰富、多姿多彩且有意义。

I will pay a visit to some places of interest to widen my horizon.

我计划参观一些名胜古迹，开阔视野。

I plan to have a meaningful summer vacation.

我打算度过一个有意义的暑假。

It was this activity that brought me pleasure and a sense of achievement.

正是这次活动给我带来了快乐和成就感。

Nowadays, afterclass activities are becoming more and more popular in high schools.

如今，课外活动在中学校园里越来越受欢迎。

In our school, there are various kinds of activities. For example, arts and sports.

在我们学校，有各种各样的活动，例如艺术节和体育活动。

We enjoy them very much. Playing football and reading stories are my favorites which do me lots of good. Besides building my body and enriching my knowledge, they also free me from the heavy work of study.

我们非常喜欢他们。踢足球和读故事是我最喜欢的，给我带来很多好处。除了强身健体和丰富知识，它们也使我从繁重的学习中解脱出来。

语篇视角下的阅读教学基本策略

第 六 章
语篇视角下的阅读教学基本策略

阅读是每一位高中生都应具备的核心技能。阅读是人获取信息和知识的主要途径，与汉语阅读一样，英语阅读对于学生的未来发展与成长发挥着至关重要的作用。

在高考试卷中，考查学生阅读能力的试题占比非常大。大家常说："得阅读者得天下。"广大一线教师已充分认识到阅读对于提升一个学生综合素养的重要意义，纷纷开始尝试改革现有的阅读教学方式。

然而，在实际课堂教学中，我们发现还有许多英语阅读教学的处理是碎片化、模式化、浅层化的，缺乏语篇视角下的文本分析和文本解读，致使阅读理解处理千文一面、机械呆板、枯燥乏味，很难引起学生的共鸣和认同。

《普通高中英语课程标准（2017年版2020年修订）》指出，教师在阅读教学中应该鼓励学生从语篇中获得新知，通过梳理、概括、整合信息，建立信息之间的关联，形成新的知识结构，感知并理解语言所表达的意义和语篇所承载的文化价值取向。

因此，教师在教授阅读文章时，应该根据语篇的特点，将文章中零散的信息进行梳理，建立关联，归纳出基于主题意义下的语篇结构。在结构的脉络下，勾勒文章发展线索，厘清段落之间的深层联系，体会作者的写作目的和意图。

基于语篇视角下的阅读教学强调教师要做到心中有语篇，要基于语篇开展阅读学习活动，培养学生的思维品质和文化意识，提高学生语言综合运用能力。

语篇视角下的阅读教学设计解读

语篇是表达意义的基本单位，语篇具有语境和语用目的。一个句子、一个段落、一篇文章都是语篇呈现的不同形式。语篇可以分为口头的、书面的，也可以分为声音的、视频形式的，即多模态形式。

高中英语教材中的阅读文章是以不同的文体形式编排的，其中包括记叙文、议论文、说明文、应用文、广告、新闻类、采访类等文体。不同文体的语篇通过其独特的内容组织形式、文章结构以及特有的语言形式传递文本信息、时代意义、价值取向、文化内涵及思维方式。

传统的英语课堂教学更加注重语言知识的传授，主要表现为对文章中词汇及语法知识的处理。其中包括文章中的好词、好句、好段，句子结构的划分，复杂句型的拆解等。这样的文章学习方式给学生留下的只是一些词汇和句型，时间长了基本遗忘，学生收获甚少，更谈不上文章的教育意义了。

分析传统的教学方法，主要问题在于教师忽略了教材中语篇所承载的价值取向、文化意义及育人功能。而这正是我们现在必须关注的教学重点。在语篇中培养学生的学科核心素养：语言能力、思维品质、文化意识及学习能力。

近几年，有许多教师开始改革阅读教学方式。主要形式为先组织学生略读和细读，获取文章中的信息知识，然后组织学生进行读后讨论，让学生结合所读文章谈谈自己的感受和体会、解决实际生活中的问题。但是，在讨论时，学生因为前期的阅读处理粗放，未能基于语篇整体处理，往往陷入众多的问题之中，无法拨云见雾，获得整体感知。

讨论显得很热烈，实际上思维含量很低。教师认为自己教学环节完整，在阅读教学中提升了学生的思维逻辑，达到了育人的目的，这些现象都属于贴标签现象，没有达成真正的语篇教育意义。因此，在阅读教学中，教师必须基于语篇视角处理文章，基于不同类型的语篇文体结构、内容、时代背景、语言为学生解读语篇，使学生学会把握不同类型语篇的特定结构、文体特征和表达方式，从而加深学生对语篇意义的理解，这样有利于他们学会使用不同类型的语篇进行有效的沟通和交流。

下面为大家呈现一个基于语篇视角的阅读教学设计。

教材内容：人教版高中英语必修四第三单元A Master of Nonverbal Humor

本篇阅读共蕴含以下两条线索：明线是幽默大师卓别林的生平，暗线是他当时所处的时代背景。

很多教师在研读教材文本时只注意到了卓别林的人生发展历程及其相关故事，却忽略了他所处的时代背景。我们不难预料，卓别林在当今自媒体超级发达的时代下还会有人喜欢吗？答案是肯定的，自媒体时代下人们的休闲娱乐方式与卓别林所处的时代相比发生了颠覆性的变化。卓别林的成功是有时代背景原因的，因此，需要教师引导学生去分析作者成长的时代背景并补充时代背景信息。

文中描述到卓别林从小为了贴补家用而登台演出。他的父亲年仅37岁就去世，而只有12岁的卓别林需要独立挑起照顾病弱的母亲和年幼的弟弟的重担。在文章的第一段就交代了卓别林成长的时间是在两次世界大战期间的困难岁月。在人人都消沉沮丧的时代，他的笑声让人们对生活充满了希望，让人们能够暂时忘却痛苦，积极应对不幸。

第一次世界大战是从1914年到1918年，第二次世界大战是从1939年到1945年，那么两次世界大战之间发生了什么？那就是1929年到1933年的美国经济危机。而卓别林的成名电影《淘金热》拍摄于1925年。在那个炮火纷飞，经济萧条，人人都吃不饱穿不暖的时代，卓别林凭借自己的天赋和从小积累的生活经验成功地塑造了一个小流浪汉的形象。正是在当时的时代背景——人们急需要振奋精神，以轻松的笑容迎接困难、面对绝望的时代，卓别林就在此时应运而出。所以教师分析卓别林成长的家庭背景和社会背景才是重点。只有这样，学生才能充分理解"时势造就英雄"的深刻含义。

只有这样分析了，才是真正做到了基于语篇的对阅读文本的深入解读。

有效提升学生阅读能力的教学策略

阅读理解在高考试卷中的分值为40分，可谓是整套试卷的重中之重。此外，完形填空、短文改错、语法填空试题都需要考生具有一定的阅读能力。上海高考试题中已经将完形填空归为阅读理解试题部分。

"得阅读者得天下"这句话已经深入师生之心。但是，每次做完阅读理解试题后，面对数量不减的错题，同学们往往感到束手无策，非常迷茫。英语教师的建议一般都是——多练，练多了就好了！可是，做了那么多试卷却感觉效果一般，甚至毫无改观。阅读理解能力怎么提高呢？

方向比努力更重要，盲目练题是必须避免的低效做法。作为英语教师，我们必须先要深入研究阅读理解的特点，然后有针对性地指导学生阅读、理解，帮助学生有效提高阅读理解水平。

阅读理解试题特点及教学策略：

一、《考试大纲》中对考生阅读理解能力的要求

阅读是我国考生学习和使用外语的最主要途径，因此，阅读理解在试卷中占权重较大，该部分要求考生读懂熟悉的与日常生活话题有关的简短文字材料，例如公告、说明、广告以及书、报、杂志中关于一般性话题的简短文章。考生应能：

（一）理解主旨要义

每篇文章都会有一个主旨要义，有时从文章的第一个段落，甚至第一个句子即可得出文章的主旨要义，从这一段或者这个句子读者会知道文章描述的是谁或什么（即文章的主题），亦会了解作者希望读者了解主题方面的哪些内

容。有时，作者没有明示文章的主旨要义，需要读者从文章的字里行间进行归纳和概括。

（二）理解文中具体信息

文章主题和中心思想的阐述往往需要大量细节信息的支持，这些细节信息对于理解全文内容至关重要，同时也是归纳和概括文章中心思想的基础。具体信息有时可以直接从文章中获取，有时则需要进行归纳概括或推断后才能得到。

（三）根据上下文推断单词和短语的含义

阅读文章时，常常会遇到一些过去未见过的单词和短语，但许多这类词语的含义可以通过上下文推断出来。这种不使用词典而通过阅读上下文来推断词语含义的能力，是一个合格的读者必须具备的能力，也是阅读理解部分经常考查的一种能力。

（四）根据所读内容作出判断和推理

在实际的阅读活动中，常常需要根据文章提供的事实和线索，进行逻辑推理，推测作者未明确提到的事实或某事件发展的趋势等。这种判断和推理的能力是阅读能力的重要构成部分，也是阅读理解部分重点考查的能力之一。

（五）理解文章的基本结构

阅读文章需要具备一定的语言知识，文章作者常常会使用各种衔接手段使行文连贯。如果要准确、深刻地理解文章，就必须把握住全篇的基本结构、厘清上下文的衔接关系，即句与句、段与段之间的逻辑关系。

（六）理解作者的意图、观点和态度

每篇文章都会有其特定的写作目的。读者需要在文章字里行间的信息中，揣摩体会作者的意图、观点和态度。

二、阅读理解教学策略

（一）课内外阅读相结合，提升阅读技能

众所周知，语言学习具有持续性和渐进性特点。阅读技能的培养是持续和渐进的过程。学生只有在具体阅读过程中不断实践，才能达到最终目标。当然，阅读技能的发展不仅要依靠课堂教学，还要借助于大量的课外阅读训练来

实现。《普通高中英语课程标准（2017年版）》中必修课程要求学生课外视听活动每周不少于30分钟、课外阅读量平均每周不少于1500词（必修课程阶段不少于4.5万词）；选择性必修课程要求学生课外视听活动每周不少于40分钟、课外阅读量平均每周不少于2500词（选择性必修阶段不少于10万词）。

此外，分析近几年全国各省市高考阅读理解命题选材，可以发现题源基本来自国外主流报刊。所以，高中生英语阅读水平的高低取决于其阅读数量、阅读频率、阅读广泛性、阅读材料出处等。基于此，建议教师在日常教学中多给学生提供来自外刊外报的原创阅读及练习材料；每天组织学生抽出大概半小时时间阅读英文读物，如书虫系列读物及一些分级阅读材料，稳步提升学生的阅读理解能力。

（二）指导学生熟练运用两种阅读策略——略读和查读

略读，也可以称为掠读，掠读是指快速浏览文章，了解文章主旨大意的能力。查读，也称为寻读，是指带着关键词在文章中快速寻找具体信息的能力。这两种阅读策略是每一位考生都必须具备的基本能力。高中英语阅读理解题型主要分为两种：主旨类和细节类。略读主要针对主旨类，查读主要针对细节类。速读时，学生不能出声朗读，也不要用笔或手指读，这些错误的方法会降低阅读速度。

1. 略读策略

略读是一种非常实用的快速阅读技能。所谓略读，指快速阅读文章以了解其内容大意的阅读方法。学生可以通过阅读文章首末段，或是每段的首末句，结合文章的标题、副标题、黑体词等提示信息，快速找到能够概括段落或文章大意的主题句或结论句。有些文章主旨没有在文章中明白点出，学生可以通过关注文章中的高频词确定主旨。

2. 查读策略

查读，又称跳读，是指学生在了解了文章大意后，在文章中查找细节信息点的阅读方法。查读时，学生需要带着题设中的关键词，快速在文章中查找该关键词。掌握这种阅读技能不是为了详细了解文章含义，主要是为了迅速定位关键词所在信息区域，然后细读信息区域的句子，结合选项确定答案。

比如广告类应用文，此类文章要采用寻读的方法阅读文章，寻找答案。首先快速浏览标题，接下来在题设中找到关键词，带着关键词快速寻找，确定关键词所在信息区域，接下来与选项信息进行对应，最后确定答案。

应用文阅读材料信息不聚拢，一般会有多条信息，这些信息有时不分主次，甚至互不相关。但是信息的布局有一定的标志。譬如材料是百科全书、名人词典等的选页，或者索引、目录之类。信息分条目排列，又有一定的排列特点，这就是布局的标志，阅读该类文章时，可以将这些标志作为寻找特定信息的线索。如果不是条目或者表格式的材料，而是连贯的篇章，如人物，地理，历史，事件，机构，物品等的介绍性文章或工作手册、旅游手册等，特定信息的布局就有分段、段落小标题或段落主旨句标示。具有这些信息点的标志或标示的文章，使用跳读方法特别重要。因为跳读主要就是很快地从材料的众多信息当中，找到指定的信息。

（三）积累词串，提高阅读速度

阅读文章时，我们强调采用略读和查读两种主要方式完成对应阅读试题。但是，有些文章，尤其是记叙文，文章通常没有明显的主题句，阅读该类文章时，往往需要通读文章。那么，在有限的阅读时间内，如何提高阅读速度就显得尤为重要。建议教师在日常教学中引导学生积累大量的词串，词串即语块，是文章中出现的搭配、固定或半固定短语、习语等。学生只有储备了大量的词串，阅读时以词串为单位进行阅读，才能有效地缩短句子的长度，从而大幅度提高阅读速度。

（四）抓句子主干，剔除冗余信息，快速把握文章大意

面对一篇较长的文章，许多学生读完文章后，感觉脑子发涨，读过的信息很快就忘记了，再读一遍，又忘记了一些，如此反复，效果很差。文章的阅读理解题目正确率也不高。究其原因，主要是阅读方法不当，大脑被文章中许多人名、地名、原因、结果等冗余信息占据了，未能抓住文章的核心部分。

所以，在阅读教学时，教师要注重培养学生找句子主干的习惯。首先快速找到句子的主语，再找到句子的动词，即谓语，也就是who，what，只要抓住句子主干，就能迅速梳理出一篇文章的大意。

（五）学会拆解阅读中的长难句，熟悉常见熟词的生义

高考阅读理解的素材基本来自外文网站、杂志等，其语言地道，原汁原

味。每一篇阅读理解文章中，都会或多或少地出现一些长难句和熟词生义词。长难句的特点是：句子结构复杂，各种从句混合在一个长句子中，生词多。学生见到这种句子就头疼，大概看看就跳过了；熟词生义词即一些为学生所熟悉的词汇，这些词汇在具体的语境中具有不同于常见含义的意思。研究多年的高考真题，我们发现文章中的长难句和熟词生义词往往是命题人的出题点，比如：画线词、短语或者句子意思的猜测；推理判断题等。因此，教师在日常教学中要教授学生正确理解长难句和熟词生义词的方法。

阅读词汇教学策略

高中英语词汇中，阅读理解词汇是非常重要的一个部分。阅读理解词汇，主要是指在阅读理解语篇中高频出现的词汇。这些词汇话题覆盖面广，难度较大，语义丰富，而且该部分词汇中包含了许多选修模块的词汇，大部分学生平时学习中不太重视对选修模块词汇的学习，导致阅读词汇掌握不到位，语篇理解容易出错。

在阅读理解词汇教学中，为了帮助同学们有效学习并掌握阅读理解词汇，我组织学生分类学习阅读词汇。该部分词汇第一类为阅读理解长难句分类学习，之所以这样安排，主要是遵循词汇学习的规律，即以句子为单位学习阅读理解词汇；接下来是阅读理解中的熟词生义词，该部分词汇是同学们理解语篇的另一大障碍；同时我也梳理了阅读理解中的态度类词汇。

我要求学生分类学习阅读理解词汇，每天完成一定量的词汇学习任务，坚持逐个落实完成。经过一段时间的阅读词汇学习，所教学生的阅读理解水平有了大幅度的提高。

高考阅读理解长难句典例

高考英语阅读理解试题中，总有部分试题会难住考生，其中大部分原因是考生不能准确理解文章的长难句。这些长难句的具体特点为：句子长，句子中出现两个甚至多个从句，如名词性从句中包含状语从句或定语从句，特殊句式中包含各种从句，有时还会出现一些不常见的习语表达。如果考生缺乏拆解复杂句型的能力，平时不注意积累和运用英语短语及固定句式，看到这些拦路虎就会束手无策，直接结果就是：因为不能正确理解这个长难句，它所对应的阅读理解试题就会出现理解偏差，导致选择错误。

由此可见，正确理解长难句是每一位学生都应该熟练掌握的一项技能。那么，遇到长难句时，我们应该先找出句子的主干结构，即主谓宾或者主系表，理解句子的基本含义；然后圈出引导每个句子的引导词，即连接词，厘清这些小句子之间的从属关系。在了解了每个小句子的含义后，结合句子主干的含义，就可以基本明白作者要表达的意思。对于句子中的一些修饰词，可以快速扫过，不做分析。根据阅读理解题目特点再决定是否需要细细揣摩句子中的修饰成分。

以下是2010—2020年高考英语真题之全国卷中出现的阅读长难句，教师可以组织学生仔细研究这些句子，弄清这些句子的结构，反复朗读并进行背诵，直至对这些句子烂熟于心。熟读背诵这些句子后，您的学生一定能够轻松应对高考英语阅读理解中的长难句，更好地理解阅读文章，在阅读理解试题中取得满意的成绩。

教学建议：

第一步，组织学生朗读句子，翻译句子对应汉语意思（翻译后可以参考句子后的参考译文）；

第二步，让学生自主或者小组合作找出句子修饰语（连词、状语、定语等），然后观察句子的主干部分：主句的主语、谓语/系动词、宾语/表语；

第三步，组织学生反复朗读句子；

第四步，组织学生梳理出句子的定语/定语从句、状语/状语从句、补语及其他成分；

第五步，要求学生隔天再次朗读句子，直至非常熟悉并能快速找出句子结构。

一、主从复合句经典句例

主从复合句为高中常见句式结构，因此，熟练掌握该句式非常必要。大家分析、朗读、背诵下列经典句子，熟悉各种从句在文章中的应用，对于正确快速理解句子一定非常有用。

典例1：（2019年全国Ⅰ卷阅读理解B篇）With shining dark eyes, he seems like the kind of kid who would enjoy public speaking.

句子翻译：＿＿＿＿＿＿＿＿＿＿＿＿＿＿＿＿＿＿

＿＿＿＿＿＿＿＿＿＿＿＿＿＿＿＿＿＿＿＿＿＿＿＿

句子主干：＿＿＿＿＿＿＿＿＿＿＿＿＿＿＿＿＿＿

＿＿＿＿＿＿＿＿＿＿＿＿＿＿＿＿＿＿＿＿＿＿＿＿

解析：本句是主从复合句。who would enjoy public speaking是定语从句，修饰先行词kid。句子主干：he seems like the kind of kid。

参考译文：他有着明亮的黑眼睛，看起来像是那种喜欢在公众场合演讲的孩子。

典例2：（2020年全国Ⅰ卷阅读理解D篇）In the future, the team hopes to develop a version of the technology **that** can be sprayed onto plant leaves in a one-off treatment **that** would last the plant's lifetime.

句子翻译：＿＿＿＿＿＿＿＿＿＿＿＿＿＿＿＿＿＿

＿＿＿＿＿＿＿＿＿＿＿＿＿＿＿＿＿＿＿＿＿＿＿＿

句子主干：＿＿＿＿＿＿＿＿＿＿＿＿＿＿＿＿＿＿

＿＿＿＿＿＿＿＿＿＿＿＿＿＿＿＿＿＿＿＿＿＿＿＿

解析：本句是主从复合句。两个that引导的都是定语从句，分别修饰先行词technology和a one-off treatment。句子主干：the team hopes to develop a version of the technology。

参考译文：未来，该团队希望能开发出一种可以一次性喷洒到植物树叶上就能延长植物寿命的技术。

典例3：（2020年全国Ⅱ卷阅读理解C篇）It **was** a big deal **for us to load** up and go to the local library, **where** my kids could pick out books to read or books they wanted me to read to them.

句子翻译：＿＿＿＿＿＿＿＿＿＿＿＿＿＿＿＿＿＿

＿＿＿＿＿＿＿＿＿＿＿＿＿＿＿＿＿＿＿＿＿＿＿＿

句子主干：＿＿＿＿＿＿＿＿＿＿＿＿＿＿＿＿＿＿

＿＿＿＿＿＿＿＿＿＿＿＿＿＿＿＿＿＿＿＿＿＿＿＿

解析：本句是主从复合句。本句的主句用了It +be +adj./n. for sb. to do sth.的句型。where引导的是非限定性定语从句，对先行词library进行补充说明；同时they wanted me to read to them也是一个省略了关系代词that或which的定语从句，修饰先行词books。句子主干：It was a big deal for us to load up and go to the local library。

参考译文：对我们来说，装好东西然后去当地的图书馆是件大事，在图书馆里，我的孩子可以选出自己想看的书，或者选出他们想让我读给他们听的书。

典例4：（2017年全国Ⅲ卷阅读理解B篇）Bradford sold the building and land to a local development firm, **which** plans to build a shopping complex on the land where the theater is located.

句子翻译：_____

_____

句子主干：_____

_____

解析：本句是主从复合句。which引导非限制性定语从句，修饰先行词a local development firm；此外，该定语从句中又包含一个where引导的定语从句，修饰先行词the land。句子主干：Bradford sold the building and land to a local development firm。

参考译文：Bradford把大楼和土地卖给了一家当地的开发公司，这家开发公司打算在戏院所在的土地上建一个购物中心。

典例5：（2017年全国Ⅰ卷阅读理解A篇）It's an amazing accomplishment and **one** we cannot achieve without generous support from individuals, corporations, and other social organizations.

句子翻译：_____

_____

句子主干：_____

_____

解析：本句为主从复合句。其中，one指代前面的accomplishment，后面为省略关系代词that的定语从句，修饰先行词one，且从句使用了cannot...without结构表示双重否定。句子主干：It's an amazing accomplishment。

参考译文：这是一个惊人的成就，一个没有来自个人、公司和其他社会组织的慷慨的支持，我们就不可能取得的成就。

典例6：（2019年全国 I 卷阅读理解C篇）This smart keyboard precisely measures the cadence **with which** one types and the pressure fingers apply to each key.

句子翻译：_____

_____

句子主干：_____

_____

解析：本句是主从复合句。包含两个定语从句；and连接名词the cadence和the pressure作并列宾语。名词the cadence后是with which（介词+关系代词）引导的定语从句，名词the pressure后的句子fingers apply to each key，是省略了关系代词that/which的定语从句。句子主干：This keyboard measures the cadence and the pressure。

参考译文：这种智能键盘精确地测量使用者的打字节奏和手指按压每个按键的力度。

典例7：（2020年全国 I 卷阅读理解A篇）And that's **what** makes the act of rereading so rich and transformative.

句子翻译：_____

_____

句子主干：_____

_____

解析：本句是主从复合句。what引导的句子在句中作表语从句。句子主干：that's what...。

参考译文：这就是重读的行为具有如此丰富和不同感觉的原因。

典例8：（2016全国新课标甲卷阅读七选五）It starts with looking inside yourself and understanding **who** you are with respect to the natural world and **how** you approach the gardening process.

句子翻译：_____

_____

句子主干：_____

_____

解析：本句是主从复合句。understanding后面分别是由who和how引导的两个并列的宾语从句。句子主干：It starts with looking inside yourself and understanding...。

参考译文：它始于审视自己的内心，去明白于自然界而言你是谁，以及如何处理园艺工作流程。

典例9：（2020年全国Ⅱ卷阅读理解C篇）Designer Jennifer Anderson admits it took her a while to come around to the opinion **that** using nutria fur for her creations is morally acceptable.

句子翻译：_____

_____

句子主干：_____

_____

解析：本句是主从复合句。动词admit后的句子it took her a while to come around to the opinion是省略了连接词that的宾语从句；that引导的是同位语从句，对opinion的内容进行解释说明。句子主干：Designer Jennifer Anderson admits...。

参考译文：设计师詹妮弗·安德森承认，她花了一段时间才接受了这个观点，即用海狸鼠毛皮制作自己的作品在道德上是可以接受的。

典例10：（2018年全国Ⅰ卷阅读理解C篇）Some language experts believe **that** 10,000 years ago, when the world had just five to ten million people, they spoke perhaps 12,000 languages between them.

句子翻译：_____

_____

句子主干：_____

_____

解析：本句为主从复合句。that引导宾语从句，作believe的宾语；在该宾语从句中，包含了when引导的非限制性定语从句，修饰先行词10, 000 years ago。句子主干：Some language experts believe that...。

参考译文：一些语言专家认为：一万年前，当世界上只有五百万到一千万人口时，他们之间大约说12000种语言。

典例11：（2016年全国新课标甲卷阅读理解B篇）His presence meant **that** I had an unexpected teaching assistant in class whose creativity would infect（感染）other students.

句子翻译：＿＿＿＿＿＿＿＿＿＿＿＿＿＿＿＿＿＿＿＿＿＿＿＿＿＿＿

＿＿＿＿＿＿＿＿＿＿＿＿＿＿＿＿＿＿＿＿＿＿＿＿＿＿＿＿＿＿＿

句子主干：＿＿＿＿＿＿＿＿＿＿＿＿＿＿＿＿＿＿＿＿＿＿＿＿＿＿

＿＿＿＿＿＿＿＿＿＿＿＿＿＿＿＿＿＿＿＿＿＿＿＿＿＿＿＿＿＿＿

解析：本句为主从复合句。that引导的句子作meant的宾语；在宾语从句中包含了由whose引导的定语从句，关系代词whose在从句中作定语，修饰creativity，指代前面的先行词assistant。句子主干：His presence meant that...。

参考译文：他的出现意味着课堂上我拥有一位意料之外的教学助手，他的创造力将会感染其他学生。

典例12：（2010年大纲卷Ⅱ阅读理解A篇）One thing **that** most touched my heart was **that** she would go to **whoever** was sick and just be with them.

句子翻译：＿＿＿＿＿＿＿＿＿＿＿＿＿＿＿＿＿＿＿＿＿＿＿＿＿＿＿

＿＿＿＿＿＿＿＿＿＿＿＿＿＿＿＿＿＿＿＿＿＿＿＿＿＿＿＿＿＿＿

句子主干：＿＿＿＿＿＿＿＿＿＿＿＿＿＿＿＿＿＿＿＿＿＿＿＿＿＿

＿＿＿＿＿＿＿＿＿＿＿＿＿＿＿＿＿＿＿＿＿＿＿＿＿＿＿＿＿＿＿

解析：本句为主从复合句。句中第一个that引导定语从句，修饰先行词thing；第二个that引导的 she would go to whoever was sick and just be with them为表语从句，表语从句中and连接两个并列谓语动词would go和be with，同时介词to后又接一个whoever引导的宾语从句，表示"无论是谁生病"。句子主干：One thing was that...。

参考译文：最感动我的一件事情是无论谁生病了，她都在其身边陪伴着。

典例13：（2020年全国Ⅰ卷阅读理解D篇）Are you hoping **that** eventually you will feel empowered because your life is better than theirs?

句子翻译：_____

_____

句子主干：_____

_____

解析：本句为主从复合句。because引导的是原因状语从句；主句中that引导的句子作hoping的宾语；句子主干：Are you hoping that...。

参考译文：你是否希望最终你会因为自己的生活比他们的好而感到自己更为强大呢？

典例14：（2016年全国新课标乙卷阅读理解D篇）Therefore, **when** a person from one of these cultures is speaking and suddenly stops, **what** may be implied（暗示）is **that** the person wants the listener to consider **what** has been said before continuing.

句子翻译：_____

_____

句子主干：_____

_____

解析：本句为主从复合句。其中when引导时间状语从句；主句中what may be implied为主语从句；that引导表语从句，在表语从句中，包含了一个what引导的宾语从句，作consider的宾语。句子主干：what may be implied（暗示）is that...。

参考译文：因此，当一个来自其中某个文化群体的人在说话的时候突然停住时，他可能是在暗示讲话者在接下来的聆听前先思考一下刚才所讲的内容。

典例15：（2018年全国Ⅰ卷阅读理解D篇）That's bad news for the environment—and our wallets—as these outdated devices consume much more energy than the newer ones **that** do the same things.

句子翻译：_____

_____

句子主干：_____

_____

解析：本句为主从复合句。as引导的是原因状语从句，在该原因状语从句中，包含了that引导的定语从句，修饰先行词the newer ones。句子主干：That's bad news for the environment—and our wallets。

参考译文：对于我们的环境和钱包来说，这是个坏消息，因为这些过时的设备比那些做同样工作的新设备会消耗掉更多的能源。

典例16：（2015年全国新课标Ⅰ卷阅读七选五）But you can't be successful **when** there's a lack of trust in a relationship **that** results from an action **where** the wrongdoer takes no responsibility to fix the mistake.

句子翻译：＿＿＿＿＿＿＿＿＿＿＿＿＿＿＿＿＿＿＿＿＿＿＿＿＿＿＿＿＿

＿＿＿＿＿＿＿＿＿＿＿＿＿＿＿＿＿＿＿＿＿＿＿＿＿＿＿＿＿＿＿＿＿

句子主干：＿＿＿＿＿＿＿＿＿＿＿＿＿＿＿＿＿＿＿＿＿＿＿＿＿＿＿＿＿

＿＿＿＿＿＿＿＿＿＿＿＿＿＿＿＿＿＿＿＿＿＿＿＿＿＿＿＿＿＿＿＿＿

解析：本句为主从复合句。句中when引导的是时间状语从句；状语从句中含有两个定语从句，一个是由that引导，修饰先行词a lack of trust，一个是由where引导，修饰先行词action。句子主干：you can't be successful。

参考译文：但如果一段关系中缺乏信任，过错之人不为错误负责，你也无法获得成功。

典例17：（2019年全国Ⅰ卷阅读理解七选五）If the air you're breathing is clean—**which** it would be if you're away from the smog of cities—then the air is filled with life-giving, energizing oxygen.

句子翻译：＿＿＿＿＿＿＿＿＿＿＿＿＿＿＿＿＿＿＿＿＿＿＿＿＿＿＿＿＿

＿＿＿＿＿＿＿＿＿＿＿＿＿＿＿＿＿＿＿＿＿＿＿＿＿＿＿＿＿＿＿＿＿

句子主干：＿＿＿＿＿＿＿＿＿＿＿＿＿＿＿＿＿＿＿＿＿＿＿＿＿＿＿＿＿

＿＿＿＿＿＿＿＿＿＿＿＿＿＿＿＿＿＿＿＿＿＿＿＿＿＿＿＿＿＿＿＿＿

解析：本句为主从复合句。两个if引导的都是条件状语从句，which it would be是定语从句，对前面进行解释说明，指代"the air you're breathing is clean"整句话。句子主干：the air is filled with life-giving, energizing oxygen。

参考译文：如果你呼吸的空气是干净的——倘若你远离城市的烟雾，空气应该是干净的——那么空气里满是让人充满活力与生命力的氧气。

典例18：（2017年全国Ⅱ卷阅读理解B篇）The friendship **that** grew out of the experience of making that film and *The Sting* four years later had its root in the fact **that although** there was an age difference, we both came from a tradition of theater and live TV.

句子翻译：_____

_____

句子主干：_____

_____

解析：本句为主从复合句。that grew out of...later为that引导的定语从句，修饰先行词friendship；the fact后面的句子为that引导的同位语从句，解释说明fact的内容；同位语从句中又包含了一个although引导的让步状语从句。句子主干：The friendship had its root in the fact。

参考译文：拍电影和四年后出演*The Sting*的经历所建立起来的友谊源于一个事实：尽管我们之间存在年龄差距，但我们都成长于戏剧和直播电视的传统。

典例19：（2017年全国Ⅱ卷阅读七选五）If someone knocks and it's not an important matter, excuse yourself and let the person know you're busy so they can get the hint（暗示）**that when** the door is closed, you're not to be disturbed.

句子翻译：_____

_____

句子主干：_____

_____

解析：本句主要结构为主从复合句。从句为if引导的状语从句，主句为祈使句excuse yourself and let the person know...，其中know后跟省略连接词that的宾语从句；so引导结果状语从句，在结果状语从句中又包含一个that引导的同位语从句，解释说明hint的内容；同位语从句又包含了一个when引导的时间状语从句。句子主干：excuse yourself and let the person know you're busy。

参考译文：如果有人敲门，并且不是一件重要的事情，先找个借口离开，让对方知道你很忙，这样他们就能得到暗示，当门关上时，你便不会被打扰。

典例20：（2014年全国新课标Ⅰ卷阅读理解C篇）This upsets me to no end **because while** all the experts are busy debating about **which** option is best, the people **who** want to improve their lives are left confused by all of the conflicting information.

句子翻译：＿＿＿＿＿＿＿＿＿＿＿＿＿＿＿＿＿＿＿＿＿＿

＿＿＿＿＿＿＿＿＿＿＿＿＿＿＿＿＿＿＿＿＿＿＿＿＿＿＿＿

句子主干：＿＿＿＿＿＿＿＿＿＿＿＿＿＿＿＿＿＿＿＿＿＿

＿＿＿＿＿＿＿＿＿＿＿＿＿＿＿＿＿＿＿＿＿＿＿＿＿＿＿＿

解析：本句主要结构为主从复合句。句中because引导的是原因状语从句，该从句中又包含了while引导的时间状语从句；此外，which引导宾语从句，作about的宾语；who引导定语从句，修饰先行词the people。句子主干：This upsets me to no end。

参考译文：这让我陷入无休止的烦恼之中，因为当所有的专家们都在辩论哪个选择最好时，那些想改善自己生活的人们却被这些矛盾的信息弄得困惑不堪。

二、非谓语动词经典句子

非谓语动词为具有动词含义，但不能作谓语的词类。主要包含以下三种形式：现在分词、过去分词、动词不定式。非谓语动词属于高频语法应用，它可以作主语、宾语、状语、定语、补语等，但是不能作谓语。教师在日常教学中，组织学生分析、朗读、背诵下列经典句子，熟悉非谓语动词在句子中的功能，这样对于学生正确快速理解句子一定会非常有用。

典例1：（2018年全国Ⅱ卷阅读理解七选五）**Working** out in the morning provides additional benefits beyond **being** physically fit.

句子翻译：＿＿＿＿＿＿＿＿＿＿＿＿＿＿＿＿＿＿＿＿＿＿

＿＿＿＿＿＿＿＿＿＿＿＿＿＿＿＿＿＿＿＿＿＿＿＿＿＿＿＿

句子主干：＿＿＿＿＿＿＿＿＿＿＿＿＿＿＿＿＿＿＿＿＿＿

＿＿＿＿＿＿＿＿＿＿＿＿＿＿＿＿＿＿＿＿＿＿＿＿＿＿＿＿

解析：本句为简单句。动名词短语Working out in the morning作主语；动名词短语being physically fit作介词beyond的宾语。句子主干：Working out provides additional benefits。

参考译文：晨练除了能让你保持身体健康之外，还能带来额外的好处。

典例2：（2018年全国Ⅰ卷阅读理解A篇）This small group bike tour is a fantastic way to see the world-famous cherry trees with beautiful flowers of Washington, D.C.

句子翻译： _____

_____

句子主干： _____

_____

解析：本句为简单句。句型结构为：主语+系动词+名词/形容词+不定式，其中不定式短语作后置定语修饰a fantastic way，with短语作定语，修饰cherry trees。句子主干：This bike tour is a fantastic way。

参考译文：这次小团体自行车之旅是观赏世界闻名的华盛顿樱花树和美丽花朵的极好的方式。

典例3：（2020年全国Ⅰ卷阅读理解D篇）The light, about one-thousandth of the amount needed to read by, is just a start.

句子翻译： _____

_____

句子主干： _____

_____

解析：本句为简单句。过去分词短语needed to read by作the amount的后置定语。句子主干：The light is just a start。

参考译文：这种光，约为阅读所需光量的千分之一，只是一个开始。

典例4：（2015年全国新课标Ⅰ卷阅读理解C篇）The Pompidou Centre in Paris is showing its respect and admiration for the artist and his powerful personality with an exhibition bringing together over 200 paintings, sculptures, drawings and more.

句子翻译： _____

_____

句子主干： _____

_____

解析：本句为简单句。The Pompidou Centre is showing its respect and admiration...为句子的主干，bringing together...是现在分词短语作后置定语，修饰an exhibition。句子主干：The Pompidou Centre is showing its respect and admiration。

参考译文：巴黎的蓬皮杜中心正在展出200多幅油画、雕塑和素描等其他作品，以此表达对这位艺术家及其伟大人格的尊敬和钦佩。

典例5：（2015全国新课标Ⅱ卷阅读理解C篇）The gap-year phenomenon originated（起源）with the months **left** over to Oxbridge applicants **between** entrance exams in November **and** the start of the next academic year.

句子翻译： _____

_____

句子主干： _____

_____

解析：本句为简单句。句子主干是The gap-year phenomenon originated（起源）with the months。left over to Oxbridge applicants是过去分词短语作后置定语，between...and...是介词短语作定语，修饰的都是the months。句子主干：The gap-year phenomenon originated（起源）with the months。

参考译文：间隔年现象起源于牛津大学和剑桥大学申请在11月份入学考试至下一学年开始前空出的那几个月时间。

典例6：（2019年全国Ⅲ卷阅读理解C篇）The trend, then, was toward the "penny paper"—a term **referring** to papers **made** widely available to the public.

句子翻译： _____

_____

句子主干： _____

_____

解析：本句为简单句。破折号后的部分对"penny paper"进行解释说明。"referring to..."作后置定语修饰a term，其中"made widely..."作papers的后置定语。句子主干：The trend was toward the "penny paper"。

参考译文：当时的趋势是"便士报"——"便士报"，一个术语，指公众可广泛购得的报纸。

典例7：（2019年全国Ⅰ卷阅读理解C篇）Data **collected** from the device could be used **to recognize** different participants **based** on **how** they typed, with very low error rates.

句子翻译：_____

_____

句子主干：_____

_____

解析：本句为简单句。"collected from the device"作定语修饰data；"to recognize different participants..."作目的状语；"based on how they typed"作方式状语修饰recognize，"with very low error rates"作伴随状语修饰recognize。句子主干：Data could be used to recognize different participants。

参考译文：根据参与者如何打字，从这台装置上收集来的数据可以用来辨认区分他们，错误率极低。

典例8：（2017年全国Ⅲ卷阅读理解D篇）For many older people, particularly those living alone or in the country, driving is important for preserving their independence, giving them the freedom to get out and about without having to rely on others.

句子翻译：_____

_____

句子主干：_____

_____

解析：本句为简单句。动名词driving作主语；living alone作those的后置定语；giving them the freedom作结果状语，表示前面的事情带来的结果；动名词短语having to rely on others作介词without的宾语。句子主干：driving is important。

参考译文：对于很多老年人来说，尤其是那些独自居住的或者是住在乡间的老年人，驾驶对于保持他们（老年人）的独立性是非常重要的，这也使他们获得了出行不用依赖他人的自由。

典例9：（2016年全国新课标甲卷阅读理解D篇）Shackleton, a onetime British merchant-navy officer **who** had got to within 100 miles of the South Pole in 1908, started a business before his 1914 voyage **to make** money from movie and still photography.

句子翻译：_____

_____

句子主干：_____

_____

解析：a onetime British merchant-navy officer为Shackleton的同位语，同时作定语从句who had got to within 100 miles...的先行词，to make...为不定式作目的状语。句子主干：Shackleton started a business。

参考译文：Shackleton，一位曾经的英国商船船队军官，在1908年到达过距离南极不足100英里的地方，在他1914年航海前，他开办了一家公司，通过电影和摄影赚取利润。

三、特殊句式经典句例

在英语句子结构中，会出现一些特殊句式，即强调句、倒装句、祈使句、省略句、反义疑问句、感叹句。特殊句式会增加句子的难度，让句子变得难以理解，因此，学生必须熟悉它们的特点，并学会使用。教师在日常教学中，要组织学生分析、朗读、背诵下列经典句子，熟悉特殊句式在句子中的使用，这样对于学生正确快速理解句子一定非常有用。（以下例句包含特殊句式和三大从句，大家着重理解并分析特殊句式。）

典例1：（2019年全国 I 卷阅读理解B篇）Whaley recalls **how** at the beginning of the year,**when called** upon to read, Chris would excuse himself to go to the bathroom.

句子翻译：_____

_____

句子主干：_____

_____

解析：本句为主从复合句，内含省略句。句中when called upon to read是when引导的时间状语从句的省略，句中省略了主语Chris和系动词was；how引导的从句作recalls的宾语。句子主干：Whaley recalls how...。

参考译文：Whaley回想起年初的时候，当要Chris朗读时，他就会请求去一趟卫生间。

典例2：（2018年全国Ⅱ卷阅读理解B篇）**When combined** with berries or slices of other fruits, frozen bananas make an excellent base for thick, cooling fruit shakes and low fat "ice cream".

句子翻译：＿＿＿＿＿＿＿＿＿＿＿＿＿＿＿＿＿

＿＿＿＿＿＿＿＿＿＿＿＿＿＿＿＿＿＿＿＿＿＿＿＿＿

句子主干：＿＿＿＿＿＿＿＿＿＿＿＿＿＿＿＿＿

＿＿＿＿＿＿＿＿＿＿＿＿＿＿＿＿＿＿＿＿＿＿＿＿＿

解析：本句为主从复合句，内含省略句。句中When combined为when引导的时间状语从句的省略结构，省去了主语frozen bananas和系动词are。句子主干：frozen bananas make an excellent base for fruit shakes and "ice cream"。

参考译文：用冰冻香蕉作基底，再加上浆果和几片其他水果，就可以制作出浓郁，冰爽的水果奶昔和低脂冰淇淋。

典例3：（2016年全国新课标乙卷阅读理解B篇）**Only** after a year of friendly discussion **did** Ms Garza finally say yes.

句子翻译：＿＿＿＿＿＿＿＿＿＿＿＿＿＿＿＿＿

＿＿＿＿＿＿＿＿＿＿＿＿＿＿＿＿＿＿＿＿＿＿＿＿＿

句子主干：＿＿＿＿＿＿＿＿＿＿＿＿＿＿＿＿＿

＿＿＿＿＿＿＿＿＿＿＿＿＿＿＿＿＿＿＿＿＿＿＿＿＿

解析：本句为倒装句。当only修饰状语放于句首时，主句要进行部分倒装，句子陈述语序为"Ms Garza finally said yes only after a year of friendly discussion"。句子主干：Ms Garza said yes。

参考译文：经过一年友好的协商之后，Garza女士最终同意。

典例4：（2019年高考全国Ⅲ卷阅读理解B篇）**Not only are** today's top Western designers being influenced by China—some of the best designers of contemporary fashion are themselves Chinese.

句子翻译：_____

_____

句子主干：_____

_____

解析：本句为倒装句。Not only置于句首，连接两个并列分句时，not only所在的句子要用部分倒装语序。句子主干：today's top Western designers are being influenced by China；some of the best designers are Chinese。

参考译文：不仅是西方顶级的设计师正被中国影响着——一些当代最好的设计师自己就是中国人。

典例5：（2019年全国Ⅰ卷阅读理解D篇）Enviable **as** the cool kids may have seemed, Dr. Prinstein's studies show unpleasant consequences.

句子翻译：_____

_____

句子主干：_____

_____

解析：本句为主从复合句，内含倒装句。句中as引导的是让步状语从句，当as意为"尽管"时，引导的状语从句要用倒装语序，其结构为：形容词/名词/副词/动词原形+as+主语……句子主干：Dr. Prinstein's studies show consequences。

参考译文：尽管酷酷的孩子们可能看起来令人羡慕，但普林斯坦博士的研究却得出了不好的结果。

典例6：（2019年全国Ⅰ卷阅读理解D篇）We found that the least well-liked teens had become more aggressive over time toward their classmates. But so **had those** who were high in status.

句子翻译：_____

_____

句子主干：_____

_____

解析：本句为复合句，内含倒装句。第二句中的so意为"同样""也"，接在肯定句后面，引起部分倒装。其结构为"so+助动词/情态动词/be动词+主语"。who引导的定语从句，修饰先行词those。第一句中that引导从句作found的宾语。句子主干：We found that...。

参考译文：我们发现，久而久之，那些最不受欢迎的青少年会对同学变得不友好，那些地位高的人也会出现这种情况。

典例7：（2020年全国Ⅰ卷阅读理解C篇）It's this strange form **that** makes race walking such an attractive activity, however, says Jaclyn Norberg, an assistant professor of exercise science at Salem State University in Salem, Mass.

句子翻译：_____

_____

句子主干：_____

_____

解析：本句为强调句。强调了主语this strange form。强调句的句型结构为：It +be+被强调部分+句子其他成分；同时an assistant professor of exercise science at Salem State University in Salem，Mass，是名词短语作同位语，解释说明Jaclyn Norberg的身份。句子主干：Jaclyn Norberg says...。

参考译文：不过，马萨诸塞州塞勒姆州立大学运动科学副教授贾克琳·诺伯格说，正是这种奇怪的形式才让竞走成了一项如此诱人的活动。

典例8：（2020年全国Ⅲ卷阅读理解B篇）In some cases, **it's not** so much the treatment of the animals on set in **the** studio that has activists worried；it's the off-set training and living conditions **that** are raising concerns.

句子翻译：_____

_____

句子主干：_____

_____

解析：本句为强调句。两句都强调的是主语。强调句的句型结构为：It +be+被强调部分+句子其他成分。句子主干：not so much the treatment of the animals on set in the studio has activists worried；the off-set training and living conditions are raising concerns。

参考译文：在某些情况下，让动物保护主义者担心的并不是电影棚里对动物的待遇；而是拍摄场外的训练和生存条件。

典例9：（2016年全国新课标乙卷阅读理解A篇）If it **weren't** for Rachel Carson, the environmental movement **might not** exist today.

句子翻译：_____

_____

句子主干：_____

_____

解析：本句为主从复合句，内含虚拟语气。if引导的条件状语从句用了虚拟语气，表示与现在事实相反。if从句的谓语动词用过去式，主句的谓语动词用might/should/could/would do。句子主干：the environmental movement might not exist。

参考译文：如果不是Rachel Carson的话，今天的环保运动可能就不会存在。

典例10：（2017年全国Ⅰ卷阅读七选五）If anyone **had told** me three years ago **that** I would be spending most of my weekends camping, I **would have laughed** heartily.

句子翻译：_____

_____

句子主干：_____

_____

解析：本句为主从复合句，内含虚拟语气。if引导的条件状语从句用了虚拟语气，表示对与过去事实相反的假设，if从句的谓语动词用had done，主句的谓语动词用might/should/could/would have done。另外if从句中包含了一个that引导的宾语从句。句子主干：I would have laughed heartily。

参考译文：如果三年前有人告诉我会花费大部分的周末时间去野营，我会狂笑不止。

典例11：（2015年全国新课标Ⅰ卷阅读理解D篇）If life **weren't** a battle, people **wouldn't** need a special place just **to speak**.

句子翻译：_____

_____

句子主干：＿＿＿＿＿＿＿＿＿＿＿＿＿＿＿＿＿＿＿＿＿＿＿＿＿＿

解析：本句为主从复合句，内含虚拟语气。if引导的条件状语从句用了虚拟语气，表示与现在事实相反；主句中的动词不定式短语just to speak作定语修饰place。句子主干：people wouldn't need a special place。

参考译文：如果人生不是一场战争，人们也不会需要一个专门的场所来说话了。

四、混合从句经典句例

混合从句是最复杂的长难句，它是由名词性从句、状语从句、定语从句以及特殊句式混合组成的。对于句子结构知识掌握不好的学生，理解这类句子难度很大。建议大家先理解下面的经典句例，找出句子主干，然后看句子分析，再进行反复背诵，如果能进行句子仿写将会掌握得更加牢固。

典例1：（2020年全国Ⅰ卷阅读理解D篇）The engineers are also trying to develop an on and off "switch" **where** the glow would fade **when exposed** to daylight.

句子翻译：＿＿＿＿＿＿＿＿＿＿＿＿＿＿＿＿＿＿＿＿＿＿＿＿＿＿

句子主干：＿＿＿＿＿＿＿＿＿＿＿＿＿＿＿＿＿＿＿＿＿＿＿＿＿＿

解析：本句包含定语从句和省略句。where引导定语从句，修饰名词switch；when exposed to daylight为时间状语从句的省略，省略了主语switch和系动词was。句子主干：The engineers are trying to develop a "switch"。

参考译文：工程师们也在尝试开发一种开关，在有阳光时，其光亮度会逐渐减弱。

典例2：（2020年全国Ⅱ卷阅读理解B篇）The researchers analyzed video recordings of 53 child-parent pairs during everyday activities at home and found children **who** play with puzzles between 26 and 46 months of age have better spatial skills **when assessed** at 54 months of age.

句子翻译：_____

_____

句子主干：_____

_____

解析：本句包含定语从句和省略句。其中who引导的定语从句修饰限定children；when assessed是状语从句的省略。句子主干：The researchers analyzed video recordings and found children have better spatial skills。

参考译文：研究人员分析了53对孩子与父母在家日常活动的录像，并对54个月大的孩子进行了评定。结果发现，在26个月到46个月大时玩过拼图游戏的孩子的空间技能更好。

典例3：（2018年全国Ⅰ卷阅读理解C篇）Europe has only around 200 languages；the Americas about 1, 000；Africa 2, 400；and Asia and the Pacific perhaps 3, 200, of which Papua New Guinea alone accounts for well over 800.

句子翻译：_____

_____

句子主干：_____

_____

解析：本句包含定语从句和省略句。本句由四个并列句组成，后面三个并列句省略了谓语动词has及后面的宾语重复部分languages。of which Papua New Guinea alone accounts for well over 800为非限制性定语从句，修饰Asia and the Pacific。句子主干：Europe has around 200 languages；the Americas have about 1, 000；Africa has 2, 400；Asia and the Pacific have 3, 200。

参考译文：欧洲仅有大约200种语言；美洲约1000种；非洲2400种。亚洲和太平洋地区大概3200种，其中仅巴布亚新几内亚一国就有800多种语言。

典例4：（2015年全国新课标Ⅰ阅读理解B篇）Delighted as I was by the tomatoes in sight, my happiness deepened when I learned that Brown's Grove Farm is one of the suppliers for Jack Dusty, a newly opened restaurant at the Sarasota Ritz Carlton, where—luckily for me—I was planning to have dinner that very night.

句子翻译: _____

_____

句子主干: _____

_____

解析：本句包含状语从句、倒装句、宾语从句和定语从句。其中as引导的是让步状语从句，该从句使用了倒装结构，即表语前置；when引导的是时间状语从句；在时间状语从句中包含了由that引导的宾语从句和由where引导的定语从句，修饰先行词restaurant。句子主干：my happiness deepened。

参考译文：眼前的西红柿令我欣喜不已，当我听说布朗的格鲁夫农场是杰克达斯蒂餐厅的供应商之一时，我的心情更加愉悦了。杰克达斯蒂餐厅是萨拉索塔丽思卡尔顿酒店新开张的一家餐厅——我感到特别幸运——那天晚上我计划去那里吃晚饭。

典例5：（2018年全国Ⅰ卷阅读理解B篇）Everybody can buy takeaway food, **but** sometimes we're not aware **how** cheaply we can make this food ourselves.

句子翻译: _____

_____

句子主干: _____

_____

解析：本句包含并列复合句和宾语从句。but连接的是并列句，其中but后面的句子里包含一个由how引导的宾语从句。句子主干：Everybody can buy takeaway food, but we're not aware how...。

参考译文：每个人都会购买外卖食品，但有时候我们并没有意识到自己做饭会很便宜。

典例6：（2018年全国Ⅰ卷阅读理解C篇）The general rule is **that** mild zones have relatively few languages, often **spoken** by many people, **while** hot, wet zones have lots, often **spoken** by small numbers.

句子翻译: _____

_____

句子主干：_____

_____

解析：本句包含表语从句，省略句和非谓语动词结构。while连接的是两个并列句。第一个句子中包含由that引导的表语从句；其中两个often spoken by...作后置定语，修饰languages。句子主干：The general rule is that...。

参考译文：一般的规则是：气候温和的地方语言相对较少，而且经常被许多人使用。而炎热潮湿的地方语言很多，通常却只有少数人使用。

典例7：（2015年全国新课标Ⅱ卷阅读理解B篇）Dark environments are more likely to encourage overeating, **for** people are often less self-conscious（难为情）**when** they're in poorly lit places—and so more likely to eat lots of food.

句子翻译：_____

_____

句子主干：_____

_____

解析：本句包含并列复合句和时间状语从句。for引导表示原因的并列句，第二句中less self-conscious和后面的so more likely to eat lots of food是并列表语，同时还有一个由when引导的时间状语从句。句子主干：Dark environments are more likely to encourage overeating。

参考译文：黑暗的环境更容易使人过量饮食，因为人们在灯光昏暗的地方很少会难为情——所以更可能吃大量的食物。

典例8：（2019年全国Ⅱ卷阅读理解B篇）I mention the single parent with four kids **running** the show and I talk about the dad **coaching** a team **that** his kids aren't even on.

句子翻译：_____

_____

句子主干：_____

_____

解析：本句包含并列复合句、非谓语动词结构和定语从句。and连接并列句；其中前一个句子中的现在分词短语running the show作后置定语，修饰

parent；后一个句子中的现在分词短语coaching a team也作后置定语，修饰dad；that引导的是定语从句，修饰team。句子主干：I mention the single parent and I talk about the dad。

参考译文：我说起一位负责该活动的单亲家长，他有四个孩子；也谈到了一位爸爸，即便他儿子没在那个球队，也给该球队执教。

典例9：（2010年大纲卷Ⅱ阅读理解D篇）Science can't explain the power of pets, **but** many studies have shown **that** the company of pets can help lower blood pressure（血压）and raise chances of recovering from a heart attack, reduce loneliness and spread all-round good cheer.

句子翻译：_____

_____

句子主干：_____

_____

解析：本句包含并列复合句和宾语从句。but连接的是并列句；but前的第一个分句是一个简单句，but后的分句中，主干是many studies have shown that，后面that引导一个宾语从句，而这个宾语从句中谓语动词help后面接的是四个省略了to的并列宾语lower...and raise..., reduce...and spread...。句子主干：Science can't explain the power of pets, but many studies have shown that...

参考译文：科学无法解释宠物的力量，不过很多研究表明：宠物的陪伴能帮助降低血压和增加心脏病发作后康复的机会，减少人的孤独感，并向周围人传递快乐。

典例10：（2014年全国新课标Ⅱ卷阅读七选五）The moments **when** I think **cooking** is a pain are **when** I'm already hungry **and** there's nothing ready to eat.

句子翻译：_____

_____

句子主干：_____

_____

解析：本句包含定语从句、宾语从句、表语从句以及并列复合句。第一个when引导的是定语从句，修饰先行词moment；"cooking is a pain"是一个省略了连接词that的宾语从句，作think的宾语；第二个when引导的从句由and连接的两个并列句构成，作句子的表语。句子主干：The moments are when A and B。

参考译文：当我已经饿了却没有准备好可以吃的东西的时候，我认为做饭是一种痛苦。

典例11：（2018年全国Ⅰ卷阅读理解七选五）**Whether** you're looking at wallpaper or paint, the time, effort and relative expense **put into it** are significant.

句子翻译：_____

_____

句子主干：_____

_____

解析：本句包含状语从句和非谓语动词结构。whether引导的是让步状语从句，作句子主干部分的让步状语；在主句中，put into it为过去分词短语作后置定语，修饰the time, effort and relative expense。句子主干：effort and relative expense are significant。

参考译文：无论你是在看壁纸还是油漆，你所投入的时间、精力和与之相关的费用都是非常大的。

典例12：（2017年全国Ⅱ卷阅读理解C篇）Terrafugia says an owner would need to pass a test and complete 20 hours of flying time **to be** able to fly the Transition, a requirement pilots would find relatively easy to meet.

句子翻译：_____

_____

句子主干：_____

_____

解析：本句包含宾语从句、非谓语动词结构和定语从句。句中to be able to fly the Transition为动词不定式作目的状语；a requirement为名词作同位语，是对前面的内容做进一步地解释说明；pilots would find relatively easy to meet是定语从句，省略了充当宾语的关系代词that/which，修饰先行词requirement。句子主干：Terrafugia says（that）...。

参考译文：Terrafugia说，机主需要通过一个测试并且完成20个小时的飞行才能驾驶 Transition，对飞行员来说，这一要求相对容易达到。

典例13：（2019年全国Ⅰ卷阅读理解A篇）If you are a teenager living in certain parts of the province, you could be eligible（符合条件）for this program, **which** provides eight weeks of paid employment along with training.

句子翻译：＿＿＿＿＿＿＿＿＿＿＿＿＿＿＿＿＿＿＿＿

＿＿＿＿＿＿＿＿＿＿＿＿＿＿＿＿＿＿＿＿＿＿＿＿＿＿

句子主干：＿＿＿＿＿＿＿＿＿＿＿＿＿＿＿＿＿＿＿＿

＿＿＿＿＿＿＿＿＿＿＿＿＿＿＿＿＿＿＿＿＿＿＿＿＿＿

解析：本句包含状语从句、非谓语动词结构和定语从句。if引导条件状语从句，从句中living为现在分词短语作定语，修饰teenager；逗号后which引导非限定性定语从句，对先行词program进行补充说明。句子主干：you could be eligible for this program。

参考译文：如果你是一个住在这个省某个地方的青少年，你就符合这个项目的条件，这个项目提供为期八周的带薪培训和工作。

典例14：（2017年全国Ⅲ卷阅读理解D篇）The Intelligent Transport team at Newcastle University have turned an electric car into a mobile laboratory **named** "Drive LAB" in order **to understand** the challenges **faced** by older drivers and to discover **where** the key stress points are.

句子翻译：＿＿＿＿＿＿＿＿＿＿＿＿＿＿＿＿＿＿＿＿

＿＿＿＿＿＿＿＿＿＿＿＿＿＿＿＿＿＿＿＿＿＿＿＿＿＿

句子主干：＿＿＿＿＿＿＿＿＿＿＿＿＿＿＿＿＿＿＿＿

＿＿＿＿＿＿＿＿＿＿＿＿＿＿＿＿＿＿＿＿＿＿＿＿＿＿

解析：本句包含非谓语动词结构和宾语从句。该句中的过去分词短语named...和faced...均作后置定语，修饰前面的名词，表被动；句中where引导的句子作discover的宾语，即宾语从句。句子主干：The Intelligent Transport team have turned an electric car into a mobile laboratory。

参考译文：纽卡斯尔大学的智能运输团队已经把电动汽车转变成名叫 "Drive LAB" 的移动实验室，目的是了解老年司机面临的挑战和发现压力问题的关键所在。

典例15：（2014年全国新课标Ⅰ阅读理解B篇）It was calculated **that when** its population reached its highest point, there were more than 3 billion passenger pigeons—a number equal to 24 to 40 percent of the total bird population in the United States, **making** it perhaps the most abundant birds in the world.

句子翻译：＿＿＿＿＿＿＿＿＿＿＿＿＿＿＿＿＿＿＿＿＿

＿＿＿＿＿＿＿＿＿＿＿＿＿＿＿＿＿＿＿＿＿＿＿＿＿＿＿＿

句子主干：＿＿＿＿＿＿＿＿＿＿＿＿＿＿＿＿＿＿＿＿＿＿

解析： 本句包含形式主语结构、状语从句和非谓语动词结构。本句是"It be+过去分词+that从句"结构，It为形式主语，that引导真正的主语；从句中含有when引导的时间状语从句；破折号后a number equal...是名词短语作同位语，解释说明more than 3 billion passenger pigeons；最后现在分词短语"making..."作结果状语。句子主干：It was calculated that...。

参考译文： 据统计，当旅鸽数量达到最多时，曾超过了30亿只，这个数量相当于美国鸟类总数的24%～40%，使旅鸽成为世界上数量最为庞大的鸟类。

典例16：（2019年全国Ⅲ卷阅读理解D篇）**When** the team examined the results of the experiment more closely, they noticed **that** the monkeys tended to underestimate a sum **compared** with a single symbol **when** the two were close in value—sometimes choosing, for example, a 13 over the sum of 8 and 6.

句子翻译：＿＿＿＿＿＿＿＿＿＿＿＿＿＿＿＿＿＿＿＿＿

＿＿＿＿＿＿＿＿＿＿＿＿＿＿＿＿＿＿＿＿＿＿＿＿＿＿＿＿

句子主干：＿＿＿＿＿＿＿＿＿＿＿＿＿＿＿＿＿＿＿＿＿＿

解析： 本句包含状语从句、宾语从句和非谓语动词结构。when引导的是时间状语从句，主句为they noticed that...。主句中包含一个that引导的宾语从句，该宾语从句中还包含一个由when引导的时间状语从句；compared with为过去分词短语作状语。句子主干：they noticed that...。

参考译文： 当研究小组更仔细地测试实验结果时，他们注意到，两个数字的总和与单个的数字相比，当两者的值相近时，猴子们往往会低估两个数字之和——例如，有时会选择13而不是8和6的和。

典例17：（2016年全国新课标甲卷阅读理解D篇）Shackleton, a onetime British merchant-navy officer who had got to within 100 miles of the South Pole in 1908, started a business before his 1914 voyage to make money from movie and still photography.

句子翻译：_____

_____

句子主干：_____

_____

解析：a onetime British merchant-navy offiter 为Shovekioton的同位语，同时作定语从句who had got to within 100 miles...的先行词，to make...为不定式作目的状语。句子主干：Shackleton started a business.

参考译文：Shatkleton，一位曾经的英国商船船队军官，在1908年到达过距离南极不足100英里的地方，他在1914年航海前，开办了一家公司，通过电影和摄影赚取利润。

典例18：（2014年全国新课标Ⅱ阅读理解A篇）He reportcd the case to the police and then sat there, **lost and lonely** in a strange city, **thinking** of the terrible troubles of getting all the paperwork **organized** again from a distant country **while** trying to settle down in a new one.

句子翻译：_____

_____

句子主干：_____

_____

解析：本句包含非谓语动词结构、省略句和形容词作状语。lost and lonely in a strange city在此处为形容词短语作补语，用来补充形容主语he当时的心情。thinking of...为现在分词短语作伴随状语，organized为过去分词作get的宾补，from a distant country为介词短语作状语。此外，while trying to settle down in a new one为时间状语从句的省略，省略了主语he和系动词was。句子主干：He reported the case to the police and then sat there。

参考译文：他向警方报了案，然后坐在那里，在一个陌生的城市里迷失和孤独，想着要在一个遥远的国家把所有的材料重新整理是多么的麻烦，而且他同时还要试着在一个新的国家里安顿下来。

典例19：（2010年大纲卷Ⅱ阅读理解C篇）Mr. Wei, a manager of a newly-opened ski resort in Beijing, sees the growth of an industry **that** could soon lead Chinese to head for the ski resorts of Europe. In recent years ski resorts **offering** natural snow have opened in China.

句子翻译：_____

_____

句子主干：_____

_____

解析：本句包含定语从句和非谓语动词结构。主句为：Mr. Wei sees the growth of an industry。句中，a manager of a newly-opened ski resort in Beijing为Mr. Wei的同位语；that引导的定语从句修饰先行词an industry；最后部分offering现在分词作后置定语修饰resort。句子主干：Mr. Wei sees the growth of an industry。

参考译文：魏先生，北京第一家滑雪旅游开发商经理，看到了中国旅游市场迅猛发展，很快便借鉴了欧洲滑雪的经验，最近几年滑雪旅游在中国流行起来。

典例20：（2020年全国Ⅰ卷阅读理解C篇）According to most calculations, race walkers **moving** at a pace of six miles per hour would burn about 800 calories per hour, **which** is approximately twice **as** many **as** they would burn walking, **although** fewer than running, **which** would probably burn about 1, 000 or more calories per hour.

句子翻译：_____

_____

句子主干：_____

_____

解析：本句包含非谓语动词结构、定语从句和状语从句。现在分词短语moving...作race walkers的后置定语；逗号后的两个which引导非限定性定语从句，分别对800 calories per hour和running进行解释说明；第一个which引导的定语从句中有含有由as引导的比较状语从句和although引导的让步状语从句的省略。句子主干：race walkers would burn about 800 calories per hour。

参考译文：根据大多数的计算结果，以每小时6英里的速度行走的竞走者，每小时会消耗800卡路里，消耗的热量大约是步行者的两倍，但是比跑步者要少，跑步者每小时大概可以消耗1000卡路里，甚至更多。

五、阅读理解中的熟词生义词

高考阅读理解的素材基本来自外文网站、杂志等，这些文章语言地道，每一篇阅读理解文章中，都会出现一些熟词生义词。熟词生义词即那些学生日常熟悉的词汇，这些词汇在具体语境中却具有不同于其常见含义的意思。分析近年来的高考试题，我们发现文章中的熟词生义词经常成为命题人设置问题的核心要点，比如：画线词、短语或者句子意思的猜测、推理判断题等。基于此，正确理解熟词生义词是做好阅读理解试题的关键能力。

如果学生对于一些常见的熟悉的单词的生僻含义，或者对一些多义词在文章中具体语境下的含义能很好地把握，就会造成阅读理解偏差和错误。以下是近年来阅读理解中出现频次较高的熟词生义词，教师可以组织同学们反复朗读这些高考阅读理解中包含熟词生义的句子，让学生体会这些词汇在具体语境中的含义，并让学生坚持熟读和背诵。

（一）absent

典例1：（2014年福建阅读D）Music like Mozart's and Bach's shouldn't be absent.

参考译文：像莫扎特还有巴赫的音乐是不可缺少的。

熟义：adj.缺席；生义：adj.缺乏，缺少。

（二）address

典例2：（2017年全国Ⅲ卷阅读A篇）The Drive LAB is helping us to understand what the key points and difficulties are for older drivers and how we might use technology to address these problems.

参考译文：Drive LAB正在帮助我们搞明白对于老年驾驶员来说关键点和困难所在是什么，以及我们如何使用科技去解决这些问题。

熟义：n.地址；生义：vt.处理。

（三）anchor

典例3：（2017年全国Ⅰ卷阅读B篇）My next work was to construct a nest and anchor it in a tree.

参考译文：我的下一步工作就是建一个鸟巢，并把它固定在一棵树上。

熟义：n.锚；v.抛锚；生义：vt.把……固定。

（四）attend

典例4：（2013年全国Ⅱ卷阅读A）Not long after that, an attending doctor and I were flying in bad weather.

参考译文：此后不久，一位主治医生和我共同经历了恶劣天气的飞行。

熟义：vt.参加，出席；生义：adj.主治。

（五）bear

典例5：（2012年北京阅读B）Proudly reading my words, I glanced around the room, only to find my classmates bearing big smiles on their faces and tears in their eyes.

参考译文：我无比骄傲地朗读着我的文章，环顾了整个教室，却发现同学们脸上强忍着笑，而眼里挂着泪。

熟义：n.熊；生义：vt.带有。

（六）beginning

典例6：（柯林斯字典）Many beginning reporters complain that with a notepad and pen they can never take down everything a source says in an interview.

参考译文：许多没有经验的记者抱怨说只凭一个记事本和钢笔，他们根本无法记录下知情人士所说的全部内容。

熟义：n.开端，开始；生义：adj.无经验的。

（七）board

典例7：（2013年福建阅读D）It would remain the case, of course, that Mrs Bennet would be one of very few women on the company board, that her salary would be lower than her male colleagues, her bonus of a more "female" dimension and her lifespan（年限）among the city's business leaders shorter than theirs.

参考译文：当然，情况还是如此，Mrs Bennet将会是董事会中非常少有的女性之一，她的薪水也会比其他男同事的低，她的"女性"津贴以及在城市商业领导者中的年限都会比男同事要少。

熟义：n.板；生义：n.董事会。

（八）book

典例8：（2015年全国Ⅰ卷阅读理解A篇）Admission is at normal charges and you don't need to book.

参考译文：门票按正常收费，你不需要预订。

熟义：n.书；生义：vt.订，预订（旅馆房间、票等）。

（九）brains

典例9：（2013年福建阅读D）It is a truth finally and universally acknowledged that a single woman with brains deserves to have equal opportunities to men, however disadvantaged she may feel by sexism.

参考译文：这是一个人们最终普遍公认的事实：一个受过教育的单身女士应当和男士拥有平等的机会，不管在性别上她感觉有多么不占优势。

熟义：n.智力；生义：adj.受过教育的。

（十）company

典例10：（2013年广东阅读C）It seemed as if he enjoyed my company.

参考译文：他似乎很享受我的陪伴。

熟义：n.公司；生义：n.陪伴。

（十一）carrier

典例11：（2017年全国Ⅰ卷阅读B篇）When I arrived, I saw a 2-to 3-week-old owl. It had already been placed in a carrier for safety.

参考译文：当我到达时，我看到一只两三周大的猫头鹰。为安全起见，它已经被安置到一个临时庇护处了。

熟义：n.运输工具，运送者；生义：n.临时庇护处或简易的窝。

（十二）chance

典例12：（2011年安徽阅读D）The wider the spread of a species, the better its chance of survival.

参考译文：如果一个物种传播的范围越广，那么其生存的概率也会越大。

熟义：n.机会，可能性；生义：n.概率。

（十三）chain

典例13：（2015年上海阅读C）"You have to endeavor," the executives said, "our policy is to obey the <u>chain</u> of command."

参考译文：执政官说："你必须努力，我们的宗旨就是服从指挥<u>系统</u>。"

熟义：n.链条，锁链；生义：n.系统。

（十四）complex

典例14：（2017年全国Ⅲ卷阅读B篇）Bradford sold the building and land to a local development company, which plans a shopping <u>complex</u> on the land where the theater is located.

参考译文：Bradford把这栋楼和这块地卖给了当地的一个开发公司，这家公司计划在这家剧院所在的这块土地上建一栋<u>综合购物大楼</u>。

熟义：adj.复杂的；生义：n.综合大楼。

（十五）cycle

典例15：（2014年四川阅读A）Obviously, students are terrible at adjusting their sleep <u>cycles</u> to their daily schedule.

参考译文：显而易见，学生很难根据作息时间来调整他们的睡眠<u>模式</u>。

熟义：n.周期，圈；生义：n.模式。

（十六）deal

典例16：（2017年全国Ⅱ卷阅读B篇）He'd been in and out of the hospital. He and I both knew what the <u>deal</u> was, and we didn't talk about it.

参考译文：他经常进出医院。他和我都知道这种<u>霉运</u>意味着什么，然后我们都不谈论这种事。

熟义：v.处理；n.买卖，大量；生义：n.坏运气，不公平的对待。

（十七）delicious

典例17：（2017年全国Ⅲ卷阅读A篇）This <u>delicious</u> tour goes through the city on its way to Treasure Island where we will stop at the famous Winery SF.

参考译文：这条<u>好玩的</u>旅游线路穿越城市到达金银岛，在那里我们将在著名的SF酒厂停留。

熟义：adj.美味的；生义：adj.有趣的，好玩的。

（十八）demanding

典例18：（2011年浙江阅读C）Customer care becomes more demanding.

参考译文：顾客关怀的要求越来越高了。

熟义：adj.费力的，费时的；生义：adj.要求高的，难满足的。

（十九）design

典例19：（2017年全国Ⅱ卷阅读D篇）They pump out perfumes designed to attract different insects who are natural enemies to the attackers.

参考译文：它们散发出香味是为了吸引不同的昆虫，而这些昆虫是袭击者的天敌。

熟义：v.设计；生义：v.意图。

（二十）duty

典例20：（2017年全国Ⅱ卷阅读D篇）But others do double duty.

参考译文：但是另一些则起着双重作用。

熟义：n.职责，义务；生义：n.功能，用途。

（二十一）due

典例21：（柯林斯大词典）He received a large reward, which was no more than his due.

参考译文：他得到了巨大的酬劳，这是他应得的。

熟义：adj.欠款的，预定的，到期的；生义：n.某人理应得到的东西。

（二十二）easy

典例22：（2016年天津阅读D）Relieved, I sat back in an easy chair and fell asleep.

参考译文：我坐在一个舒适的椅子里睡着了，很放松。

熟义：adj.容易的；生义：adj.舒适的。

（二十三）fail

典例23：（2014年湖南阅读B）What I failed to expect was that several students were absent, which threw off my estimate.

参考译文：我没有想到的是好几个学生都缺席了，这不在我的预估范围内。

熟义：vi.失败；生义：vi.未能。

（二十四）feed

典例24： （2017年全国Ⅰ卷阅读A篇）Our exhibits will feed your mind, but what about your body?

参考译文： 我们的展品可以使你的心灵充实，但你的身体呢？

熟义： vt.喂养，饲养；**生义：** vt.满足。

（二十五）fields

典例25： （2011年北京阅读B）You will discover that our focus has broadened to include well-researched, timely and informative articles on finance, home improvement, travel, humor, and many other fields.

参考译文： 你会发现我们关注的内容已经延伸至研究过的、及时的、有效的文章，涉及金融、家庭改善、旅行、幽默及其他领域。

熟义： n.田地，运动场；**生义：** n.领域。

（二十六）fine

典例26： （2017年全国Ⅲ卷阅读D篇）For example, most of us would expect older drivers always go slower than everyone else but surprisingly, we found that in 30mph zones they struggled to keep at a constant speed and so were more likely to break the speed limit and be at risk of getting fined.

参考译文： 例如，我们大多数人都会希望老司机总是比其他人都开得慢一点，但是我们惊讶地发现：在限速30公里时速路段，他们努力地保持平稳的速度，同时他们更可能会超过限制速度而有被罚款的风险。

熟义： adj.好的，健康的，晴朗的；**生义：** v.罚款。

（二十七）free

典例27： （2016年江苏阅读D）She had a strong desire to free her family from trouble.

参考译文： 她强烈渴望将她的家庭从困境中解救出来。

熟义： adj.自由的；**生义：** v.解救。

（二十八）fuel

典例28： （2013年全国Ⅰ卷阅读C）Research suggests warm colors fuel our appetites.

参考译文：研究表明暖色调可以激起我们的食欲。

熟义：n.燃料；生义：v.激发，激起。

（二十九）good

典例29：（2015年江苏阅读D）If men insisted on being free from the burden of self-dependence and responsibility for the common good, they would cease to be free.

参考译文：如果男人坚持要从自我独立的压力以及共同利益的责任中解放出来，那么他们永远得不到自由。

熟义：adj.好的；生义：n.利益。

（三十）heavily

典例30：（2011年浙江阅读C）The company has invested heavily in information technology to make sure that information is available instantly on screen.

参考译文：该公司在信息技术方面投入了很多，来确保信息在屏幕上及时呈现。

熟义：adv.沉重地；生义：adv.大量地，过度地。

（三十一）home/stand

典例31：（2015年全国Ⅰ卷阅读理解B篇）But I homed in, with uncertainty, on one particular table at the Brown's Grove Farm's stand, full of fresh and soft tomatoes the size of my fist.

参考译文：但是我带着疑虑回到了家，布朗的格鲁夫农场摊位的一张桌子上面摆满了新鲜的、柔软的、和我拳头一般大小的西红柿。

熟义：adv.（在）家；生义：v.朝向，移向，导向（目标）。

熟义：v.站立；生义：n.货摊，摊位。

（三十二）juicy

典例32：（2016年浙江阅读A）The more embarrassing or shameful the secret is, the juicier the gossip it makes.

参考译文：这个秘密越是令人尴尬或羞愧，制造出来的八卦就越有乐趣。

典例33：（2016年浙江阅读A）The next time you feel the urge to spread the latest news, think about why you want to gossip and what effects your "juicy story" might have.

参考译文：下一次你很想快速传播最新消息的时候，想一想为什么你想传播，以及你的"有趣的故事"可能会有什么影响。

熟义：n.果汁；生义：adj.生动有趣的。

（三十三）manner

典例34：（2014年安徽阅读D）Behaving in this selfless and devoted <u>manner</u>, these little creatures have survived on Earth, for more than 140 million years, far longer than dinosaurs.

参考译文：在这种无私奉献的<u>态度</u>下，这些小生灵在地球上幸存下来，存活时间超过1亿4000万年，远远超过恐龙。

熟义：n.行为，方式；生义：n.态度。

（三十四）matter

典例35：（NMET 2015年四川阅读C）The study shows mothers <u>matter</u> all year long and not just on Mother's Day.

参考译文：研究表明母亲全年都是非常<u>重要</u>的，而不仅仅是在母亲节当天。

熟义：n.物质，事情；生义：v.有重要性。

（三十五）mind

典例36：（2015年全国Ⅱ阅读B）<u>Mind</u> the colors.

参考译文：<u>注意</u>颜色。

熟义：n.思想，头脑；生义：vt.注意，留意。

（三十六）observe

典例37：（2013年江苏阅读A）Failure to <u>observe</u> all Park rules could result in being driven out of the Park without refund.

参考译文：未能<u>遵守</u>所有的公园规则的人，会被赶出公园并且不退款。

熟义：vt.观察；生义：vt.遵守。

（三十七）otherwise

典例38：（2012年天津阅读A）The speed limit for bicycles on campus is 15mph, unless <u>otherwise</u> posted.

参考译文：除非<u>另有规定</u>，在校园骑自行车的速度最高是每小时15英里。

熟义：adv.否则，要不然的话；生义：adv.另外地。

（三十八）please

典例39：（2016年全国Ⅰ卷阅读D）Let it continue as the patient pleases.

参考译文：病人愿意沉默多久就让他沉默多久吧。

熟义：adv.请；生义：vi.愿意。

（三十九）point

典例40：（2012年全国Ⅰ卷阅读C）What is the point of making something that lasts 1,000 years?

参考译文：制作能够持续1000年的东西的意义是什么？

熟义：n.点；vi.指向；生义：n.意义。

（四十）sense

典例41：（2014年全国Ⅰ阅读C）In what sense are people similar to a lion facing a chair?

参考译文：在哪种意义上人们与面对椅子的狮子相似？

熟义：n.感觉；生义：n.意义。

（四十一）settle

典例42：（2016年全国Ⅲ卷阅读B）They settled in at a comfortable East Slide cafe and within minutes, another customer was approaching their table.

参考译文：几分钟后，他们在一个舒适的叫East Slide的咖啡店坐下来，另一位顾客正朝着桌子走过来。

熟义：v.定居，解决；生义：v.安坐。

（四十二）special

典例43：（2017年全国Ⅰ卷阅读A篇）Our cafe offers a complete menu of lunch and snack options, in addition to seasonal specials.

参考译文：除了季节性的特色菜，我们的咖啡馆还供应菜式齐全的午餐和零食，任君选择。

熟义：adj.特别的；生义：n.特色菜。

（四十三）rest

典例44：（2017年全国Ⅰ卷阅读D篇）Then lay the tube in place so that one end rests all the way in the cup and the rest of the line runs up and out the side of the hole.

参考译文：接着把管子放在恰当的位置，使管子的一端一直放在杯子里并且线的剩余部分向上延伸到坑的外部。

熟义：v.& n.休息；生义：vi.躺；倚；靠；n.剩余部分。

（四十四）production

典例45：（2017年全国Ⅱ卷阅读B篇）The company's productions show the new face of 21st century Chinese theatre.

参考译文：这家公司的演出展示了21世纪中国剧院的新面貌。

熟义：n.生产；产量；生义：n.演出。

典例46：（2020年全国Ⅲ卷阅读B篇）One nonprofit organization, which monitors the treatment of animals in filmed entertainment, is keeping tabs on more than 2000 productions this year.

参考译文：一个监督动物在电影娱乐中的待遇的非营利组织，今年对2000多部电影的演出进行了密切的关注。

熟义：n.生产，产量；生义：n.演出。

（四十五）monitor/pack

典例47：（2017年全国Ⅲ卷阅读C篇）The U.S. Fish and Wildlife Service carefully monitors and manages the wolf packs in Yellowstone.

参考译文：美国鱼类和野生动物服务处认真监控和管理黄石公园的狼群。

熟义：n.班长；生义：v.监控，监视。

熟义：n.包，包装，v.打包装；生义：n.一群动物。

（四十六）life

典例48：（2017年全国Ⅲ卷语法填空）She looks like any other schoolgirl, fresh-faced and full of life.

参考译文：她看起来和其他女生没有两样，又年轻又充满活力。

熟义：n.生命，生活；生义：n.活力，热情。

（四十七）kick off

典例49：（2016年全国Ⅰ卷阅读A篇）It lasted for more than a year and kicked off the civil-rights movement.

参考译文：这项运动持续了一年多，并拉开了美国民权运动的序幕。

熟义：v.踢开，踢掉；生义：v.（会议，活动）开始。

（四十八）land

典例50：（2016年全国Ⅰ卷阅读A篇）Her simple act landed Parks in prison.

参考译文：她小小的举动却致使帕尔克斯入狱。

熟义：n./v.陆地；着陆；生义：vt.使（某人）陷入困境。

（四十九）offer

典例51：（2017年全国Ⅲ卷语法填空）My dad thinks I should take the offer now.

参考译文：我父亲认为现在我应该接受这个邀请。

熟义：vt.提供，提出；生义：n.邀请。

（五十）harvest

典例52：（2016年全国Ⅰ卷阅读C篇）In all, from the time the stem cells are harvested from a donor（捐献者）to the time they can be implanted in the patient，we've got 72 hours at most.

参考译文：总而言之，自干细胞从捐献者身上采集到它们被移植入病人体内，我们最多有72个小时。

熟义：vt.收获，收割；生义：vt.采集。

（五十一）last

典例53：（2016年全国Ⅲ卷）I'm sure I was the last person in the world he wanted to accept assistance from.

参考译文：我确定我是这个世界上他最不想接受帮助的人。

熟义：adj.最后的；生义：adj.最不想要的，最不可能的。

（五十二）live

典例54：（2016年全国Ⅰ卷阅读理解A篇）We're bringing you an evening of live rock and pop music from the best local bands.

参考译文：我们将会带上你去参加一个晚会，那有来自当地最棒的乐团现场演出的摇滚乐和流行音乐。

熟义：vi.居住，活着；生义：adj.现场演出的。

（五十三）matter

典例55：（2016年全国Ⅱ卷阅读七选五）It's our experience of the garden that matters—how being in those gardens made us feel.

参考译文：我们对于花园的体验才是__最重要的__——在花园里会使我们产生怎样的感觉。

熟义：n.问题，事情；生义：vi.事关紧要，要紧，有重大影响。

（五十四）raise

典例56：（2016年全国Ⅰ卷阅读B篇）We now realize how important family is and how important it is to be near them, especially when you're raising children.

参考译文：我们现在意识到家庭是多么重要，有父母在身旁是多么重要，尤其是在你__养育__孩子的时候。

熟义：vt.举起，升起，提高；生义：vt.抚养，养育。

（五十五）regular

典例57：（2015年全国Ⅰ卷阅读理解D篇）"There's a strong need in Paris for communication," says Maurice Frisch, a cafe La Chope regular who works as a religious instructor in a nearby church.

参考译文："在巴黎，人们对交流有着强烈的需求，"La Chope咖啡店的一位__常客__莫里斯·弗里希说道，他是附近一座教堂的宗教导师。

熟义：adj.有规律的，定期的；生义：n.常客。

（五十六）relative

典例58：（2015年全国Ⅱ卷阅读理解A篇）I had my relatives give me money for my birthday instead of a lot of clothes that wouldn't fit.

参考译文：我让我的__亲戚__在我生日时给我钱而不是很多不合身的衣服。

熟义：adj.有关的，相关的；生义：n.亲戚。

（五十七）respect/approach

典例59：（2016年全国Ⅱ卷阅读七选五）It starts with looking inside yourself and understanding who you are with respect to the natural world and how you approach the gardening process.

参考译文：它始于窥探自己的内心，弄明白就自然世界而言你是谁，并且你要知道如何处理园艺工作流程。

熟义：v.尊重，尊敬；生义：with respect to固定搭配，关于，就……而言。

熟义：v.接近，靠近；生义：v.（以某种方式或态度）对付，处理。

（五十八）review

典例60：（2016年全国Ⅲ卷阅读理解D篇）Researchers analyzing word-of-mouth communication—e-mails, Web posts and reviews, face-to-face conversations—found that it tended to be more positive than negative（消极的）, but that didn't necessarily mean people preferred positive news.

参考译文：研究者们分析了口头交流及文字交流的方式——电子邮件、帖子、评论及面对面的交谈——发现它更倾向于积极而不是消极，但这并不一定意味着人们更喜欢积极的消息。

熟义：v.回顾，反思；生义：v.评论。

典例61：（2015年湖北阅读C）The review remarked that Mr. Lomborg's "preference for unexamined materials is incredible".

熟义：n.评审，审查；生义：n.文章。

参考译文：这篇文章评论说，Mr. Lomborg's倾向于采用未经核实的材料，是不可信的。

（五十九）season

典例62：（2016年全国Ⅲ卷阅读理解A篇）The season runs June through August, with additional performances in March and September.

参考译文：上演期从六月到八月，在三月和九月有额外表演。

熟义：n.季节；生义：n.（一组节目、戏剧或音乐活动的）播出期，上演期，演出季。

典例63：（2016年全国Ⅲ卷阅读理解七选五）First, clean it and season it with your choice of spices（调味）.

参考译文：首先，将鱼清理干净，并用你选择的调料调味。

熟义：n.季节；生义：vt.给……调味，加味于。

（六十）serve

典例64：（2016年全国Ⅲ卷阅读理解七选五）Then, it's ready to serve.

参考译文：然后，现在准备上菜了。

熟义：v.招待（顾客等），服务；生义：v.提供、端上（饭菜，食物）。

（六十一）shoot

典例65：（2016年全国Ⅱ卷阅读理解D篇）In fact, they were shot from 1914 through 1916, most of them after a disastrous shipwreck（海难）, by a cameraman who had no reasonable expectation of survival.

参考译文：事实上，这些照片是在1914年到1916年之间拍摄的，其中的大部分照片是在一次毁灭性的海难之后由一位没有合理生还期望的拍摄者拍的。

熟义：v.射击；生义：v.拍摄，摄影。

（六十二）sit

典例66：（2017年全国Ⅱ卷阅读D篇）When a leafy plant is under attack, it doesn't sit quietly.

参考译文：当一种多叶植物遭到袭击时，它不会静静地坐以待毙。

熟义：vi.坐；生义：vi.无动于衷；坐以待毙。

（六十三）some

典例67：（2015年全国Ⅰ卷阅读理解D篇）The customers—some thirty Parisians who pay just under \$2（plus drinks）per session—are quick to intellectualize（高谈阔论）.

参考译文：顾客们——大约30位每个时段只付不到两美元（包含酒水）的巴黎人——很快就高谈阔论起来。

熟义：det.一些，有些；生义：prep.大约。

（六十四）stand up

典例68：（2017年全国Ⅱ卷阅读B篇）When the studio didn't want me for the film—it wanted somebody as well known as Paul—he stood up for me.

熟义：v.站立；生义：v.支持，维护。

参考译文：当制片方不想要我拍这部电影时——他们想要像保罗那样出名的人——他维护了我。

（六十五）still

典例69：（2016年全国Ⅰ卷完形填空）They told her to stay still until the emergency personnel arrived, but she thought the car was going to explore.

参考译文：他们告诉她待在那里<u>不要动</u>，等紧急救援人员到来，但是她认为这辆车快要开出去了。

熟义：adv.仍然，依旧；生义：adj.静止的，不动的，安静的。

（六十六）switch

典例70：（2016年全国Ⅰ卷语法填空）The nursery team <u>switches</u> him every few days with his sister so that while one is being bottled-fed, the other is with mum—she never suspects.

参考译文：（熊猫）保育队每隔几天就把他和他的双胞胎姐姐进行<u>交换</u>，这样一个用奶瓶喂，另外一个和妈妈在一起——她从未怀疑过。

熟义：n.开关；生义：vt.交换；调换。

（六十七）take off

典例71：（2015年浙江阅读D）My work colleagues adjusted to my <u>taking off</u> at a moment's notice for medical emergencies.

熟义：v.脱下衣服，起飞，成功；生义：n.离开。

参考译文：我的同事们已经适应了我在得知急诊通知的时候<u>离开</u>。

（六十八）terribly

典例72：（2015年全国Ⅰ卷阅读理解B篇）The freezing Northeast hasn't been a <u>terribly</u> fun place to spend time this winter, so when the chance came for a weekend to Sarasota, Florida, my bags were packed before you could say "sunshine".

参考译文：寒冷的东北地区从来不是度过今年冬天的<u>极其有趣</u>的地方，所以当有机会去佛罗里达州的萨拉索塔度过周末时，在你说出"阳光"之前我就将行李打包好了。

熟义：adv.可怕地，骇人地；生义：adv.很，非常。

（六十九）talk

典例73：（2015年全国Ⅰ卷阅读理解A篇）Our monthly <u>talks</u> start at 19：30 on the first Thursday of each month except August.

参考译文：我们每月一次的<u>讲座</u>在每月的第一个星期四的晚上七点半举办，八月除外。

熟义：v./n.谈话，交谈；生义：n.演讲，讲座。

（七十）weigh

典例74：（2015年安徽阅读D）There are an extremely large number of ants worldwide. Each individual（个体的）ant hardly weighs anything, but put together they weigh roughly the same as all of mankind.

参考译文：全世界有特别多的蚂蚁。每只单独的蚂蚁几乎都不能承受任何东西，但聚在一起它们几乎可以承受整个人类的重量。

熟义：vi.重量为；生义：vt.承受。

（七十一）well

典例75：（2015全国Ⅰ卷阅读理解A篇）Well before the arrival of freezers, there was a demand for ice for food preservation and catering. Malcolm will explain the history of importing natural ice and the technology of building ice wells, and how London's ice trade grew.

参考译文：早在冰柜出现之前，在食物的保存和饮食方面对冰块有需求量。马尔科姆将会解说引进天然冰块的历史，建造冰井的技术以及伦敦的冰块贸易是如何发展的。

熟义：adv.好，对，令人满意地；生义：well before为固定搭配，意为"很久以前"。

（七十二）work

典例76：（2017全国Ⅰ卷阅读B篇）Trying to help the injured, displaced or sick creatures can be heartbreaking；survival is never certain. However, when it works, it is simply beautiful.

参考译文：试图去帮助受伤的、流离失所的或者病弱的动物可能是令人心碎的；（能否）活下来是不确定的。但是，当成功活下来时，这件事就是很美好的。

熟义：n.工作；生义：vi.有效，成功。

六、阅读理解推理判断题中的观点态度类词汇

《考试大纲》中对考生阅读理解能力的要求中提出：考生应能理解作者的

意图、观点和态度。每篇文章都有一个特定的写作目的，或是向读者传递某个信息，或是愉悦读者，或是讲授某个道理。而这些信息通常并不是明确表达出来，而是隐含在文章之中。因此，学生需要在理解文章总体内容的基础上，去领会作者的言外之意。

在阅读理解推理判断题中，往往会考查观点态度类试题。观点态度题主要考查学生对文章中主要人物或作者对文章中关键事件和人物的态度或观点。我们将表达这些态度和观点类的词汇称为观点态度类词汇，这些词汇可以帮助学生正确理解文章的关键语句，推断出作者的意图或要表达的暗含信息。因此，熟记这些词的意思非常必要。

在阅读教学中，教师可以组织学生反复记忆以下包含观点态度类词汇的经典句子，熟读这些句子，达到见词认识的熟悉程度。另外，让学生在做题过程中遇到这些词汇时，有意识地多关注这些词汇，使这些词汇成为学生词汇库中的熟词，达到一看见这些词汇就能立即反应出其对应词义的效果。

（一）赞同

1. positive肯定的，实际的，积极的

（柯林斯词典）Be positive about your future and get on with living a normal life.

要积极面对未来，过一种正常的生活。

2. supportive支持的，支援的，赞助的

（牛津词典）She was very supportive during my father's illness.

在我父亲生病期间，她给了我很多帮助。

3. enthusiastic 热情的，积极的

（柯林斯词典）Tom was very enthusiastic about the place.

汤姆曾非常热衷于那个地方。

4. favorable 赞成的，有利的，赞许的

（牛津词典）The terms of the agreement are favorable to both sides.

这个协议中的内容对双方都有利。

5. approval 赞同，赞赏，批准，认可

（牛津词典）The plan will be submitted to the committee for official approval.

该计划将送交委员会正式批准。

（二）反对

1. negative 否定的，消极的，负的，阴性的

（牛津词典）The crisis had a <u>negative</u> effect on trade.

这次危机对贸易产生了很坏的影响。

2. disapproval 不赞成

（牛津词典）He shook his head in <u>disapproval</u>.

他摇了摇头，表示反对。

3. objection 反对，异议，反对意见

（牛津词典）The main <u>objection</u> to the plan was that it would cost too much.

反对这个计划的主要理由是费用过高。

4. opposition 反对，敌对，异议

（牛津词典）Delegates expressed strong <u>opposition</u> to the plans.

代表们强烈反对这些计划。

5. critical 批评的，批判性的，爱挑剔的

（牛津词典）The supervisor is always very <u>critical</u>.

主管总是很挑剔。

6. disgusting 令人厌恶的，令人不快的

（牛津词典）I think it's <u>disgusting</u> that they're closing the local hospital.

他们要关闭这家地方医院，我认为这太让人气愤了。

7. warning 警告的；告诫的

（柯林斯词典）She ignored the <u>warning</u> signals and did not check the patient's medical notes.

她忽视了一些先兆症状，也没有查看病人的病历。

8. compromise n.妥协，折中；v.妥协，折中

（牛津词典）After lengthy talks the two sides finally reached a <u>compromise</u>.

双方经过长期的商谈终于达成了妥协。

9. concerned 担心的，忧虑的

（牛津词典）He didn't seem in the least <u>concerned</u> for her safety.

对她的安全他似乎一点都不担心。

（三）怀疑

1. suspect 猜疑，怀疑

（牛津词典）I suspected her motives in offering to help.

她主动要帮忙，我怀疑她的动机。

2. suspicious 可疑的，怀疑的

（牛津词典）They became suspicious of his behaviour and contacted the police.

他们开始觉得他行为可疑，便报了警。

3. doubtful 可疑的，不确的，疑心的

（牛津词典）He was doubtful about accepting extra work.

他对是否接受额外工作存有疑虑。

4. question 疑问，怀疑

（牛津词典）Her version of events was accepted without question.

她对事情的陈述没有任何质疑就接受了。

5. puzzling 使迷惑的

（柯林斯词典）His letter poses a number of puzzling questions.

他的信中提出了几个令人迷惑不解的问题。

（四）客观

1. objective 客观的

（柯林斯词典）He had no objective evidence that anything extraordinary was happening.

他没有客观证据证明有什么非同寻常的事情发生。

2. neutral 中立的

（牛津词典）Journalists are supposed to be politically neutral.

新闻工作者在政治上应持中立态度。

3. impartial 公平的，不偏不倚的

（牛津词典）As chairman, I must remain impartial.

作为主席，我必须保持公正。

4. disinterested 客观的，无私的，公正的

（牛津词典）Her advice appeared to be disinterested.

她的建议似乎是客观公正的。

5. rational 理性的，明智的

（柯林斯词典）He's asking you to look at both sides of the case and come to a rational decision.

他是在要求你看到问题的两面，然后做出理性的决定。

6. unprejudiced 公平的，无偏见的，没有成见的

（有道词典）We must be honest and unprejudiced as we attempt to analyze it.

当我们试图分析它时，我们必须诚实并且毫无偏见。

7. impersonal 非个人的，客观的

（牛津词典）Let's keep the criticism general and impersonal.

让我们做客观的批评，不要针对个人。

8. factual 事实的，实际的，根据事实的

（牛津词典）The essay contains a number of factual errors.

这篇文章中有一些与事实不符的错误。

（五）主观

1. subjective 主观的

（牛津词典）Everyone's opinion is bound to be subjective.

每个人的意见都必定是主观的。

2. indifference漠不关心，冷淡，不重视

（牛津词典）Their father treated them with indifference.

他们的父亲对他们漠不关心。

3. tolerance宽容，容忍，忍受

（牛津词典）She had no tolerance for jokes of any kind.

她容不得开任何玩笑。

4. pessimistic 悲观的，悲观主义的

（牛津词典）They appeared surprisingly pessimistic about their chances of winning.

他们对胜利的可能性表现出出奇的悲观。

5. gloomy 忧伤的，前景黯淡的，令人沮丧的

（牛津词典）Suddenly, the future didn't look so gloomy after all.

突然感到前途似乎并非如此黯淡。

6. sensitive 敏感的，易受伤害的

（牛津词典）My teeth are very sensitive to cold food.

我的牙齿对冷食过敏。

7. scared恐惧的

（牛津词典）She is scared of going out alone.

她不敢一个人外出。

8. moderate中等的，适度的，适中的

（牛津词典）The team enjoyed only moderate success last season.

上个赛季，这个队伍只取得了中等成绩。

9. mild 温和的，温柔的，淡味的，轻微的，适度的

（牛津词典）She looked at him in mild surprise.

她略带吃惊地看着他。

10. ironic 说反话的，讽刺的

（柯林斯词典）It is ironic that so many women are anti-feminist.

具有讽刺意味的是，竟然有那么多妇女是反对女权主义的。

11. confused 困惑的，烦恼的

（牛津词典）He was depressed and in a confused state of mind.

他感到沮丧，心里充满了迷惑。

12. amazed吃惊的，惊奇的

（牛津词典）I was amazed at her knowledge of French literature.

我对她的法国文学知识感到吃惊。

（六）积极

1. concerned关注的

（牛津词典）They were more concerned with how the other women had dressed than with what the speaker was saying.

她们对别的妇女的衣着打扮比对发言人的讲话更加感兴趣。

2. confident自信的，确信的

（牛津词典）The team feels confident of winning.

这个队觉得有把握取胜。

3. interested 感兴趣的，有成见的，有权益的

（柯林斯词典）I thought she might be <u>interested</u> in Paula's proposal.

我以为她可能会对保拉的提议感兴趣。

4. optimistic乐观的

（柯林斯词典）The president says she is <u>optimistic</u> that an agreement can be worked out soon.

总统说，她对很快能达成协议持乐观态度。

5. positive正面的

（牛津词典）On the <u>positive</u> side, profits have increased.

从好的方面看，利润增加了。

6. impressive给人深刻印象的，感人的

（柯林斯词典）It is an <u>impressive</u> achievement.

这是一项令人敬佩的成就。

第七章
学习活动观视角下的写作教学实践研究

　　许多教师认为：高考考什么，教学就教什么。因此，整个教学活动都是围绕考试提高分数开展的。高中英语写作课大部分为分析优秀范文、背诵优秀范文、仿写优秀段落等。这样的教学形式导致学生写作兴趣受挫、内容模式化等问题。

　　在写作课教学设计上，教师多注重写作知识点讲授与任务练习，忽视对学生写作高阶思维的培养和文化品格的提高。有些教师的写作课堂虽然包括一些活动设计，但存在主体的内容安排流于形式、流于表面的问题。学生只是被动地跟着教师走，不知道活动是为了什么，也不能真正深度参与到写作话题中。一节课下来，只记住了一些写作词汇和句子，要独立完成一篇文章还非常困难。

　　英语学习活动观以活动为主，旨在提高学生课堂参与度，增强课堂活力，通过层层递进的学习理解，应用实践，迁移创新活动的循环应用，提高课堂质量，提升学生的思维品质、文化意识、学习能力，达到摆脱当前高中英语写作困境的目的。

　　在写作教学中，教师要引导学生在学习活动的驱动下，通过创设丰富多样的听、说、读、写、看的语言学习和思维活动，调动学生参与课堂活动的积极性，使其在分析问题与解决问题的同时，阐述个人观点并充分展示。在小组合作探究与讨论的同时培养其学习能力；在情感激励下提升其文化品格，引导其树立正确的价值取向，从而提高其语用能力、思维品质和文化水平。

高中英语读说写活动教学设计

——以人教版高一必修二Unit 3 Reading, speaking and writing为例

阅读和写作是高中英语教学中两个至关重要的内容。阅读是学生信息输入的主要途径，而写作是信息输出的主要形式，是学生英语综合素养和能力的体现，因此，阅读与写作教学应是密切相关的，互相促进的。

但是，在实际的教学实践中，教师对学生进行的阅读训练与写作训练的内容往往各自独立，缺少关联，从而导致学生阅读仅仅是为了完成教师的提问以及篇章后面的几道阅读理解习题。在这样的教学中，学生是被动的信息接收者，不能深入思考理解语篇。在整个阅读过程中，学生的思维往往处于初级、浅层次的阶段。在写作时，学生由于受教师长期不重视写作的影响，写作能力比较差，表现为懒于动脑、动手；一提到写作，学生就觉得非常困难，无话可说。究其根本原因是教师在教学中把阅读教学与写作教学相互分离，没有正确引导学生认识阅读与写作相互促进的关系，从而导致了教学效率不高，学习效果不显著的现状。

因此，在读说写的教学过程中，教师应把阅读教学、口语教学和写作教学有效地整合起来，以读促说，以说带写，形成"读—说—写"一体化的教学流程，让学生在阅读过程中不断地与作者对话、与文本对话、与个人对话、与同伴对话，积极思考，与同伴交流沟通，结合个人已有的知识储备，形成自己关于阅读语篇的观点，成为主动的信息接收者、积极分享的交流者、有判断力的阅读者，从而做到在写作时有话要说、有话会说。

下面结合人教版高中英语必修二Unit 3的Reading, speaking and writing，和

大家一起交流探讨如何进行"读—说—写"活动的整体教学设计。

"读—说—写"整体教学设计

人教版高中英语必修二第三单元中的using language中的reading，speaking and writing这一部分，阅读课题是：Andy-the android。文章介绍了计算机使用的一个方面——机器人参加足球比赛。这篇文章采用拟人的手法，机器人以第一人称的形式谈到了自己在足球比赛中担任前锋，如何实现和队友之间的传球，从而达到进球的经历。本文话题新颖，容易激发学生的阅读兴趣。

一、"读—说—写"教学模式之"读"

（一）读前

根据整体语言教学理论，阅读要先调动学生已有的概念知识和背景知识为先导，也就是说，英语阅读教学要求教师在阅读前要设计相关的教学活动，达到激活学生相关概念知识和背景知识的目的。因此，话题引入和读前预测就成为必不可少的阅读教学环节。

Step1：Lead-in

Ask the students to watch a video about androids, and then ask them to have a brainstorm about what androids can do.

设计说明：联系生活实际，导入话题，激发学生对话题的兴趣，为导入该课话题做好铺垫。

（二）读中

Step2：Reading

（1）Ask the students to read the text（ANDY-MY ANDROID）and complete the following file for Andy.

Who is Andy _____

What it looks like _____

What it can do _____

Andy's wish _____

（2）After Ss read the text, T checks the answers with the whole class.

设计说明：呈现给学生问题，让学生带着问题去阅读，这样有助于他们快速捕捉文章的信息，对文章大意有所了解，培养他们的略读能力。然后在阅读基础上进行信息的有效口头传递，从而实现信息交流的资源共享，为后面设计机器人和机器人写作提供信息输入。

二、"读—说—写"教学模式之"说"

根据《普通高中英语课程标准（2017年版2020年修订）》的要求，阅读后教师应设计读后讨论等语言交流活动，给学生拓宽思维的机会，让他们展示对阅读文本的自我理解，在同伴互助下激发思维的火花。读后讨论是对阅读话题的进一步延伸，也是对写作内容的素材准备。读后讨论可以为写作打开思路、获取素材、积累语言材料。教师引导学生围绕阅读文本进行口头交流，以词串、句子、段落为单位进行口头练习，这些不同形式的训练活动是对写作文本的口头练习和建构。学生通过这些写前的口头输出，到动笔写作时，自然就"有话可说"了。基于这一点，我在"读"与"写"活动之间专门设计了"说"这一环节。

Step3：Speaking

（1）After reading the text, Ss have known a lot about androids. At this time, the teacher shares something with Ss. That is, T tells Ss——"I have my own android, do you believe？ It lives in my mobile phone. It's my android system. It can help me do many things." Then let Ss tell what things an android can do on the phone.

设计说明：设计该环节的目的是联系实际生活，让学生知道androids就在我们身边，并非遥不可及，而且非常有用，从而激发学生设计机器人的兴趣，为下一步学生设计自己的机器人做好铺垫。

（2）Speaking（group work）.

Get the students to design their own androids, then fill in the file, and compare the androids with their partners.

My own android：

Name _____

What it looks like _____

What it can do _____

After discussion, ask some groups to share their ideas.

设计说明：通过小组互动的方式，达到知识输出、培养学生英语表达能力的目的，为后面的写做好准备。

三、"读—说—写"教学模式之"写"

Step4：Writing（group work）

First ask Ss to enjoy the passage（Ss' Book Page 24） about an android, T guides them to underline good sentence structures about "what android can do"．Then ask Ss to write a description of their android and what it can do in groups, using some good sentence structures in the second passage.

Para1：A description of your android（appearance, size, etc）——参考第一篇课文

Para2：What your android can do.——参考第二篇课文

设计说明：帮助学生学会筛选、提取描绘机器人外表特征及能力的词汇和句型，并模仿使用。

Step5：Evaluation

Swap your passage with another group.

Look at their passage and correct the mistakes if any.

Check to see if they can get an A.

Check to see whether：

（1）The ideas are good.

（2）Words are spelled correctly.

（3）The passage uses some good sentences.

（4）The writing is clean and clear.

If all the above are done, they can get A.

设计说明：该环节要求学生对文章表达、单词拼写、书写等进行修改及评价。学生互改作文在写作训练过程中非常重要，它符合新课程提倡的合作、交流和探究的学习方式，也是合作教学在写作教学中的实际运用。学生从被动接受评价转变成评价的主体和积极参与者，从而激发进一步写作的兴趣和动力。

以上的教学实例表明，在高中英语读写课教学中，"读—说—写"三个环节环环相扣，相互作用。所以教师在日常的教学设计中，要充分重视读、说、写的有机结合，切不可孤立地教授三者，或者只关注阅读文章中的知识点，而忽视了阅读与说和写的辅助关系。

在单元教学中，教师应充分挖掘教材中"读"与"写"的结合点，发挥"说"的纽带作用。根据单元话题特点，精心选择、设计能把"读""说""写"很好地结合起来的学生活动，有目的地把阅读教学与写作教学结合起来。让学生以读促说，以说带写，从而提高学生的综合语言运用能力。

基于"写作行文逻辑"的高中英语写作课教学设计

——How to refine a passage

【教学目标】

1. To know what a good passage looks like.

2. To learn how to make a passage better.

3. To be able to make a passage have a logical order and coherent.

【活动步骤】

Step1：Discussion

What is your idea about a good passage?

Step2：Sharing

Possible answer：

beautiful handwriting

clear paragraphs

direct beginning

reasonable ideas

logical order

polite and sincere ending

Step3：Presentation

教师引导学生分析研究高考五档作文评分要求，见表7-1。

表7-1

档次（分数）	第五档21-25分
任务完成度	完全完成了试题规定的任务
内容	覆盖了所有内容要点。内容切题，表达清楚，符合逻辑
结构	文章结构完整
连贯	有效地使用了语句间的连接成分，全文结构紧凑
词汇、语法	应用了较多的语法结构和词汇，基本无语法和词汇错误
标点、格式	标点使用完全正确，行文格式完全规范

Step4：Conclusion

教师结合高考五档作文评分要求，与学生共同讨论得出一篇好的文章应具备的几个特征：

The four aspects of a good passage.

（1）书面：书写整齐，卷面整洁。

（2）内容：覆盖所有要点。

（3）结构：涵盖该文体的基本要素；使用恰当的连接词和过渡词。

（4）语言：能恰当使用该文体对应的句式；语言表达清晰，流畅，符合逻辑。

Step5：Practice

教师给学生呈现两篇范文，让学生根据一篇好文的各项标准，小组评价教师展示的两篇文章，并给出评价结果，在评价时，重点关注两篇文章的逻辑：句子之间的逻辑、段落之间的逻辑、语意逻辑。

Version 1

Recently, our school conducted a survey themed "Learning English beyond the classroom", which is to shed light on various ways to learn English besides in the classroom.

As is demonstrated on the graph, more than 60% students tend to listen to music. Less than that, 50% adopt movies as a way to learn English beyond the classroom, while a small part of students choose books and websites as beyond-classroom learning. They account for 12% and 18%.

As for the graph, I hold two points. For the first one, with the development of the Internet, students have access to different learning resources. As a result, the traditional classroom is not the only place to learn English any more. For the second one, compared with searching the Internet, to improve their English, students prefer music and movies, which are easier to evoke students' passion and enthusiasm in learning.

In view of that, our English teachers are expected to offer us more options to learn English in class. Besides, more after-class activities with different channels to be exposed to English should be organized.

Version 2

Recently we had a heated discussion about Learning English Beyond the Classroom. The result of the survey shows that the majority of students learn English by listening to English songs and watching English movies, while 18% of students by reading English books and 12% by browsing English learning websites.

It can be seen from the survey results that most students choose to learn English through the way of entertainment, which are more intuitive and can stimulate students' interest in learning English. However, books and learning websites can not catch the eye of students.

From the point of my view, watching English movies and listening to songs are very effective ways to learn English. It can raise students' interest, practice their listening ability, expand their vocabulary, and deepen their understanding of the culture and customs of English-speaking countries, which is conducive to cultivating students' creativity and imagination. However, it is also urgent to improve students' self-discipline and make good use of the multimedia.

Step6：Homework

Polish your writing and make it better.

评判标准：

（1）书写是否整齐美观；

（2）要点是否齐全；

（3）文章结构是否完整；

（4）句子是否通顺连贯，是否使用了恰当的过渡词；

（5）是否使用了较高级的语法结构、词汇及句式；

（6）标点符号使用是否恰当；

（7）文章是否逻辑通顺，语意连贯。

基于语块教学法的高中英语写作课教学模式

学生在日常英语学习中积累了大量的词汇，但在写作时，经常感觉找不到合适的词汇和句子来表达自己的所见所闻和所思所想。这一现象在很大程度上影响了他们的写作兴趣和动机，写作效果也不得而知。此外，在教学中，教师常常发现学生习作中词汇、句式的选择和使用，文章结构等不符合英语的表达习惯，究其原因是学生缺乏研究意识，不懂得研究、欣赏和整理教材中不同文章的结构、句式及词汇的特点及规律。同时，受到母语负迁移的影响，学生经常从汉语的角度进行英语写作，如：I very like my teacher, The price of vegetables is very expensive。

为了能使学生获得准确使用词汇、句式的能力，提高学生写作水平，笔者觉得在英语教学中，可以采用基于语块教学法的写作课教学模式，以期改进高中英语写作教学。

一、理论基础

语块概念由语言学家Becker于1975年提出。他指出，语言的记忆和存储、输出和使用并不是以单个的词为单位，那些固定或半固定的模式化了的板块结构才是人类语言交际的最小单位。这些板块结构作为语块整体储存在学习者的记忆中，使用时直接提取，无须语法规则生成和分析。基于此，教师可以将语块理论运用于写作教学中，即引领学生在教材中注意提取、积累和储存各种惯用的、优美的、地道的表达方式，并将其运用在习作中。

二、"语块教学法写作课教学模式"的教学设计

新课程人教版高中英语第四模块第一、二、三单元阅读文章的题目分别是：A Student of African Wildlife，A Pioneer For All People，A Master of Nonverbal Humor，这三篇阅读文章的话题都是关于一位伟大人物，并且分别从不同角度讲述一位伟大人物，所以，三篇文章既具有共性，即都是记人的文章；但又各具特色，即从不同角度讲述一位伟大人物。三篇文章为学生提供了丰富的"记人"语块资源。为了充分利用这一资源，让学生掌握大量的有关"记人"的语块资源，我在三个单元教学结束后，进行了一次以"记人"为主题的写作教学课。具体教学步骤和教学活动如下。

（一）"语块教学法写作课教学模式"之课前准备

为了节约课堂时间，让学生在课前做好充分的写作准备，我在课前安排学生认真阅读三篇文章（A Student of African Wildlife，A Pioneer For All People，A Master of Nonverbal Humor），并完成任务表格的填写，任务表格见表7-2。

表7-2

Topic	Useful expressions	Useful sentences
His/her age		
His/her appearance		
His/her personality		
His/her life experience		
His/her anecdote		
His/her achievement		
People's opinions about him/her		

该表格旨在引导学生提取出"记人"类文章所需的相关素材、好短语及好句子，即语块资源，进而为课堂上的输出性写作做好准备。

（二）"语块教学法写作课教学模式"之语块仿写

课堂上首先引导学生谈论三位伟大人物，接下来告诉他们今天写作的主题为"记人"，记一位对他们影响很大的人。让全班讨论"记人"类文章该从哪些方面进行人物描写，写几段比较合适。经过讨论和教师的引导，全班

基本达成共识。（分三段写，每段包括该人物的相关话题——age, childhood, appearance, character, etc.）。段落及话题讨论稿如下：

Para1 topic-name /age/ personality etc.

Para2 topic-his/her anecdote.

Para3 topic- his/her achievement/people's opinions.

接下来，教师组织学生讨论怎样讲述一个人的年龄、个性等相关话题。（该环节主要是让学生展示自己课前准备的"记人"的语块资源，以小组展示分享和班级展示分享为主。）分享过程中，教师要求学生首先就某个话题展示自己找到的语块进行分享，随后要求学生以该语块为模板进行口头仿写。仿写过程中，教师和其他同学进行纠正、指导、评价。这种基于教材语块的仿写能培养学生的语块意识，提高学生以语块形式学习词汇的能力。学生通过语块识别、语块分类、语块总结逐步提升写作水平。

（三）"语块教学法写作课教学模式"之文章写作

学生在完成语块仿写之后，进入独立写作阶段。即在没有他人干预情况下独立完成写作任务。

（四）"语块教学法写作课教学模式"之作文赏析

在本节课的设计上，笔者采用的是引导学生了解评价一篇好文的标准。通过对比几位同学的作文，要求学生谈论自己喜欢哪篇文章，并谈出自己的观点，如所用语块是否恰当，仿写是否得体，段落主题是否明确，文章结构是否完整。

通过教师有意识地引导，学生会明白一篇好文所应具备的要素。教师在学生进行习作评价时，再加以具体指导和评价，经过一段时间的培养，学生的写作水平进步很大。

三、结语

以上的教学实例表明，在高中英语写作课教学中，教师可以根据文本特点，整合教学资源，引导学生识别和记忆教材中的语块，指导他们进行语块仿写，提高他们英语表达的准确性和流利度。

参 考 文 献

1. 书籍类

［1］陈则航，邹敏，陈思雨，等.英语写作中的思辨能力表现研究［M］.北京：外语教学与研究出版社，2018.

［2］教育部考试中心.中国高考评价体系［M］.北京：人民教育出版社，2019.

［3］林崇德.21世纪学生发展核心素养研究［M］.北京：北京大学出版社，2016.

［4］梅德明，王蔷.普通高中英语课程标准（2017年版）解读［M］.北京：高等教育出版社，2018.

［5］李箭，周海明.基于学科核心素养的英语教学课例研究（基于学科核心素养的教学课例研究丛书）［M］.上海：华东师范大学出版社，2020.

［6］Richard Paul，Linda Elder.如何进行思辨性阅读［M］.王索娥，译.北京：外语教学与研究出版社，2020.

［7］王蔷.基于学生核心素养的英语学科能力研究［M］.北京：北京师范大学出版社，2018.

［8］余文森.核心素养导向的课堂教学［M］.上海：上海教育出版社，2017.

［9］周杰.阅读思辨洞见：高中英语阅读教学中批判性思维的培养［M］.上海：上海教育出版社，2021.

［10］Becker J. The Phrasal Lexicon［M］. Cambridge Mass: Bolt and Newman, 1975.

［11］Wray A. Formulaic Language and the Lexicon［M］. Cambridge: Cambridge University Press, 2002.

［12］汪榕培, 卢晓娟. 英语词汇学教程［M］. 上海: 上海外语教育出版社, 2008.

［13］何亚男, 金怡. 高中英语词汇教学活动设计［M］. 上海: 上海教育出版社, 2015.

［14］梅德明, 王蔷. 普通高中英语课程标准（2017年版2020年修订）解读［M］. 北京: 高等教育出版社, 2020.

［15］中华人民共和国教育部. 普通高中英语课程方案（2017年版2020年修订）［M］. 北京: 人民教育出版社, 2020.

2. 杂志类

［1］陈则航, 王蔷, 钱小芳. 论英语学科核心素养中的思维品质及其发展途径［J］. 课程·教材·教法, 2019（1）: 91–98.

［2］冯信燕. 聚焦学生思维品质培养的高中英语写作教学实践［J］. 英语教师, 2022（4）: 144–146.

［3］黄丽琴. 英语词汇教学中学生思维品质的培养探研［J］. 成才之路, 2022（9）: 139–141.

［4］李金露. 核心素养视域下批判性思维培养的问题及对策［J］. 教学与管理: 理论版, 2017（10）: 14–17.

［5］刘威. 基于阅读素养的高中英语课外阅读多元化评价策略［J］. 中小学英语教学与研究, 2021（11）: 5.

［6］刘道义. 谈英语学科素养——思维品质［J］. 课程·教材·教法, 2018（8）: 80–85.

［7］吕国征. 基于问题链的有效创设培养学生思维品质的英语阅读课例研究［J］. 基础外语教育, 2020（4）: 62–67.

［8］沈萃萃. 指向思维品质培养的高中英语教学阅读教学设计［J］. 教学月刊: 中学版（外语教学）, 2022（1）: 44–47.

［9］王飞涛，曹宗清.例谈高中英语"说写课"中培养学生思维品质的实践［J］.中小学英语教学与研究，2020（6）：47–51.

［10］杨波.运用对比策略，提升学生思维品质——以绘本故事Dad for Sale教学为例［J］.中小学英语教学与研究，2020（8）：11–15.

［11］易雅琴.英语阅读教学中培养学生思维品质问题研究［J］.现代中小学教育，2020（7）：26–29.

3. 其他类

［1］由利波.基于语块的高中英语教学系统策略研究［D］.烟台：鲁东大学，2012.

［2］梅德明.试题命制强化高考内容的育人导向［N］.中国教育报，2016-10–22（9）.

［3］中华人民共和国教育部.普通高中英语课程标准（2017年版2020年修订）［S］.北京：人民教育出版社，2020.